稲田弘 レジェンドストーリー

2015 Ironman World Championship

2015年10月、ハワイ島でのアイアンマン世界選手権のゴール直前で座り込む稲田選手。再び立ち上がりゴールしたが、制限時間に5秒届かず。上の写真がインターネット上で話題となり一躍、脚光を浴びた。

（上）レース直後の稲田選手。左手を抱えられながらも、
しっかりとした足取りに観衆も大喝采。
（右）完走できずとも最後までやりきって安堵の表情。

2016 Ironman World Championship

退路を断って挑んだ2016年のアイアンマン世界選手権で、83歳322日で見事、世界最高齢での完走を果たした。タイムは16時間49分13秒。

2018 Ironman World Championship

2018年10月、85歳で挑んだアイアンマン世界選手権で、稲田選手は自らの世界最高齢完走記録を更新した。16時間53分50秒の記録はいまだ破られていない。

今や世界中のアイアンマンからリスペクトされている稲田選手。ゴールするや選手たちが駆け寄り完走を祝った。

2012 Ironman World Championship

2011年のアイアンマン世界選手権ではリタイアに終わった稲田選手。捲土重来を期して挑んだ2012年の世界選手権では、2位と1時間30分近くの差をつけ、エイジ別初優勝。

（上）2017年のアイアンマン世界選手権では、バイク走行中にハプニングも…。
（右下）2019年、スイスのローザンヌでの世界選手権では、オリンピックディスタンスで優勝。
（左下）2020年、２つの世界最高齢完走記録がギネス認定された。

2024年6月、幾多のケガを乗り越え挑戦したアイアンマンオーストラリア。5年ぶりのアイアンマンレースだったが、バイクで無念の制限時間オーバー。90代を迎えてもますます精力的に活動中だ。

やれば出来る!!

92歳のアイアンマン、
世界を駆ける

稲田弘

徳間書店

写真提供／稲田弘
小野口健太
装丁／株式会社ピーエーディー
編集協力／田島正大

IRONMAN World Championship KONA
スイムコース

IRONMAN World Championship KONA
バイクコース

IRONMAN World Championship KONA
ランコース

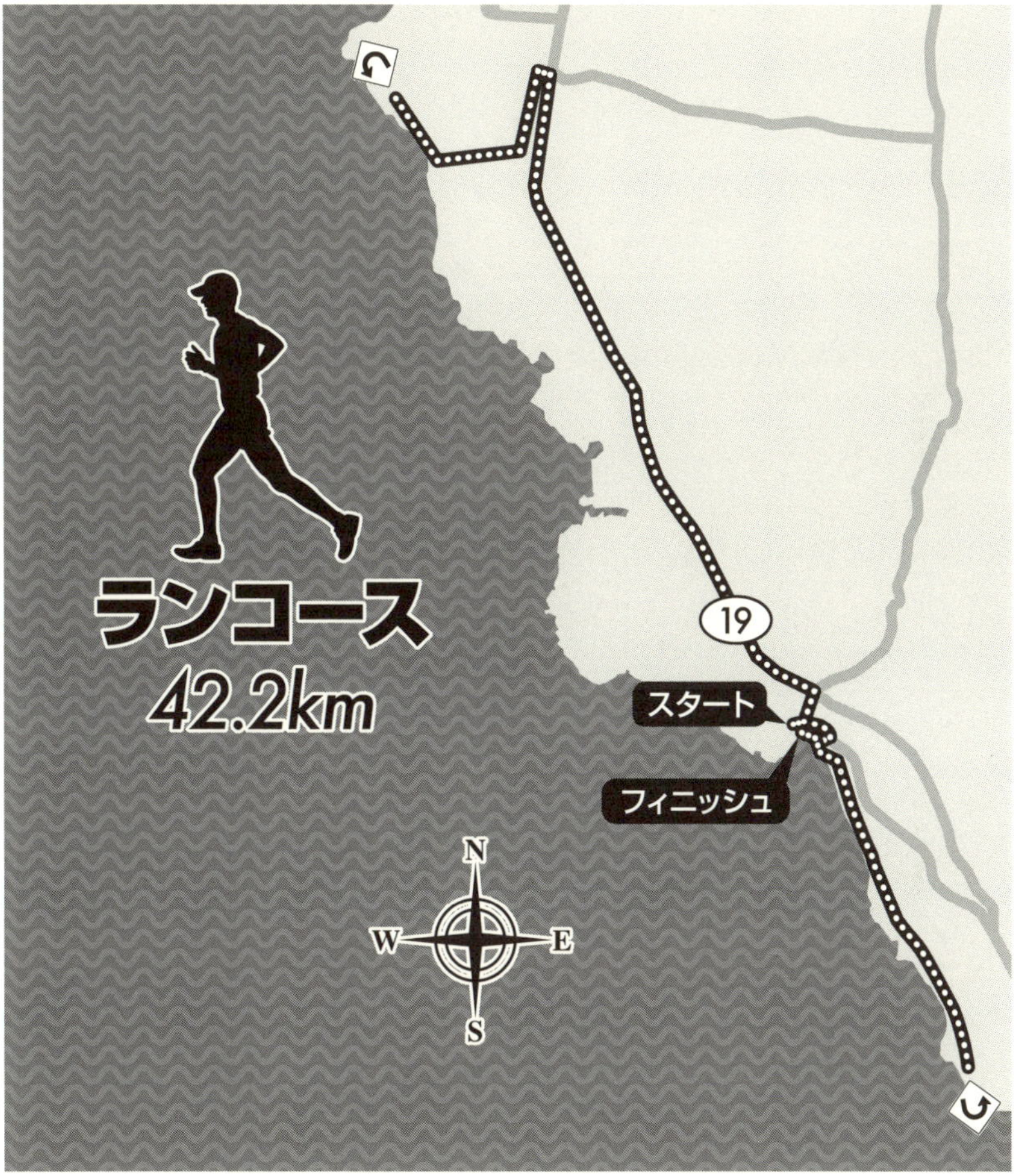

目次

第4章

私の日常生活

第1章

アイアンマンの世界

体力的なピークは80歳

今から振り返ると私の体力的なピークは80歳の時でした。忘れもしません。ハワイ島で開催された2012年のアイアンマン世界選手権で、初めて完走を果たすことができました。15時間38分のタイムは、カテゴリー別（80—84歳カテゴリー）で世界チャンピオンとなり、コースレコードも記録しました。この時のコースレコードはいまだに破られていません。

ハワイの世界選手権では、80代の選手が6人出場していました。一般選手の制限時間が17時間ですが、前年のチャンピオンよりも1時間30分ほど速いタイム。2位の選手は前年のチャンピオンで16時間55分。私より1時間半近く後でのゴールでした。3位の選手はさらにギリギリのタイム。80代以上の参加者6人中、3人は脱落する過酷なレースでした。

私はこれまで世界の様々な場所でトライアスロンに挑戦してきましたが、やはりハワイ島という場所は、気象条件などを考えると一番過酷です。特に最終競技のランは先頭の選手を追いかける展開でしたが、時間帯は深夜。漆黒の闇の中を文字通り手探りで走らないといけません。そこで大会当日は、毎年「10月の満月に一番近い土曜日」に設定されて開催しているほどです。

ハワイ島はご存じのように、まるで月面のような一面が火山岩の荒野に敷かれた片側3車線の道路上を走らないといけません。唯一の明かりと言えば、2キロごとにあるエイドステーションぐらいです。出場するアスリートは皆、頭にヘッドランプをつけて走ります。

私以外は全員がアメリカ人です。体格的にも筋肉質のマッチョで、身長は2メートルはあろうかというプロレスラーのような選手もいました。

レース展開は、バイクを終えた時点で私は6人の出場選手中、3位でした。カテゴリーにかかわらず体格の大きい選手は筋肉量が大きいので、バイクがとにかく速いのは織り込み済み。あとは、最終競技のランで巻き返せばいいと戦術を考えていました。

　ところが、ここで思わぬハプニングが発覚します。コナの予備知識が全然なかった私は、ヘッドランプはおろか懐中電灯も持たずにレースに挑んでしまいました。目印になるのは、エイドステーションの明かりのみ。あいにく頼りにしていた月の光も曇り空でまったく役に立ちません。デッドヒートを繰り広げるトップアスリートなら周囲に選手がいるので、その後ろ姿を追いかけることができますが、私のようにタイムが遅い選手だと近くに人影すらありません。

最後のランで大逆転

　ましてや道路でもちょっとした段差でつまずくのに、コースの途中には、道路から外れて岩だらけのルートも走らないといけません。とにかく、現在地がわからないまま、無我夢中で走らなくてはいけませんでした。とにかく必死に走ったことだけは覚えています。

体格的には見劣りする日本人選手は私を含めスタミナが勝負のカギを握ります。最後のランで、バイクでの遅れを一気に取り返し、2位の選手と1時間半近くの差をつけることができたんです。絶好調とまでは言えませんでしたが、コンディションがよかったこともあり、最後まで走っていてキツいという気持ちにもなりませんでした。

それがかえって好タイムにつながったようです。

両腕を高々と上げてゴール

ただ、残念だった点もありました。あまりにもゴールするタイミングが早すぎて、ゴール地点にほとんど観客がいなかったこと(笑)。あまりにも人がいなさすぎて寂しい思いをしました。アイアンマンは長丁場のレースですから

3.8キロを泳ぎきった

観客は選手がゴールする時間を見越して集まってきます。そうなると、ただでさえ日本人選手は少ないですから、友人の出場者や家族以外はほとんどいません。実に閑散としていました。ゴール後の花道にも観客が大勢詰めかけるものですが、まったくいなくて拍子抜けしたほどです。制限時間ギリギリの時間帯になって続々と人が集まりだしたので、後にも先にも自分のベストコンディションが恨めしかったのは、この時だけでした。

アイアンマンレースは、スイム３・８キロ、バイク１８０キロ、ラン42・２キロの総計２２６キロのレースの長距離で、ロングディスタンスとも呼ばれます。

特に80歳前後は、アイアンマンハーフ（注：アイアンマン70・３のこと。スイム１・９キロ、バイク90キロ、ラン21・１キロの総計１１３キロの距離を競う）ぐらいの距離はそれほどきつく感じませんでした。スピードも今とは違い断然ありました。同じ年に開催されたタイのプーケットでの世界選手権の予選大会でもコンディションがよかったので、その勢いのまま世界選手権に出場できたのもよかったかもしれません。

初めての世界選手権

79歳で出場した初めての世界選手権では苦汁を味わいました。２０１１年のことです。体調は絶好調だったのですが、スタート直前の食べすぎ飲みすぎがたたって、リタイアする羽目になりました。というのも世界選手権のスタート時間は午前7時。午前5時に出場エントリーの受付を済ませると、2時間ほどの「空白の時間」がありました。

後から知ったのですが、出場選手たちは宿舎に戻るなどして、レースに備えるのが一般的なようです。ところが、勝手を知らない私は、スイム中は飲食ができないこともあって、エイドステーションと呼ばれる補給場所に寄って飲食してしまいました。

さらに、バイク（自転車）のチェックをしている時も、バイクのフレームに「補給食」として、あらかじめ食べるゼリーを貼り付けるのですが、その合間に羊羹をパクリ。挙句には、時間を持て余してバナナやオレンジにまで手を伸ばしてしまいました。レースが始まるまでは、まったく自覚がなかったんですが、相当、お腹がタプタプになってしまっていたんです。

レースのスタート地点は、海岸から150メートルほどの沖合。まず、砂浜に降り

スイムで不調が……

ようと階段を下った時点で、お腹周りがタプンタプンと波打つのがわかりました。とっさに、「これはやばいかも」と直感しました。スタート地点までの立ち泳ぎでそれは確信に変わります。沖合に浮かぶブイにつかまりながら息苦しさを感じ始めました。いざ、レースが始まるとすぐに異変が起きます。泳ぎ出してほどなくすると、いきなり呼吸困難になって「これは無理かも……」と思いました。

レース中は、選手に並走するライフセーバーが選手たちの様子を左右からチェックしてくれています。すると、私の様子がおかしかったんでしょうね。スイムと立ち泳ぎを繰り返していると、ライフセーバーが、「サーフボードにつかまれ」と、ヘルプしてくれました。サーフボードにつかまること自体は失格にはならないそうで、何とか折り返し地点の沖合2キロの距離までたどり着くことができました。

しかし、ここが限界でした。折り返し地点にいた小舟に救助され「ユーはこれ以上やったら死ぬぞ」と言われリタイアしました。過呼吸でした。約2500人の選手が出場する大会でしたが、私の周囲にはもう選手はいなかった（笑）。とにかく初めての世界選手権で手探りの状態のまま、ぶっつけ本番のような感じで挑戦したのがいけなかったと反省しました。

予選からのコンディションのよさが裏目に出てしまいました。2011年7月に韓国の済州島で開催された「アイアンマン・コリア」大会では、15時間02分28秒というタイムで完走を果たしたことも影響したかもしれません。私自身もアイアンマンでの完走は初めての経験。大会本部もあまりのタイムの速さにビックリしたほどです。

済州島の予選大会では絶好調

何しろ大会直前の歓迎パーティーでは「そんな高齢で走ることができるのか？」と心配の声すら上がっていました。当時、済州島のコースは世界一厳しいと言われていました。特にランが山の中を走るので坂道ばかり。途中、コースを間違えるというハプニングもありましたが、それでも最後まで崩れることなく走れました。レース後にはアメリカのＮＢＣからインタビューを受けたほどです。

世界選手権への切符は、世界中で行われる「予選レース」と呼ばれる大会で、上位になった選手だけが勝ち取れる貴重な権利です。タイムは関係ありません。しかもシニアの選手は出場選手自体が少ないですから完走イコール出場権の獲得となる場合がほとんどです。さらに世界選手権の本選で好成績を挙げた選手は「シード選手」として翌年の世界選手権には無条件でエントリーができます。

トライアスロンのカテゴリーはエイジ別で5歳ごとに区切られています。私は75歳から79歳のカテゴリーで出場しました。私以外には、70代の選手は出場していません。それどころか、私より一回り以上年下の60代の選手よりもタイムが速かったのですから、いかに絶好調だったか。それが過信を招いたのかもしれません。

ケガの有無が勝敗を分ける

トライアスロンは長丁場ということもあってケガやアクシデントがつきものです。特に私の場合はレース中に足をつることは珍しくありません。完走できたレースにしても必ず何度か足がつります。

２０１１年から9回連続で出場したハワイの世界選手権では、足がつらなかったこ

足がつることも

とは1回しかありませんでした。中でもスイムは鬼門です。3・8キロの距離を競うスイムでは、1900メートル地点で、50メートルほど海中を泳いで残りの距離を岸を目指して折り返すコースになっていますが、折り返し地点に近づくと「そろそろくるんじゃないか」と嫌な予感がします。すると、必ず左足のふくらはぎが硬直し激痛が走ります。こうなったらとにかく我慢しながらスイムを続けるしかありません。両腕で水をかいて泳ぐのをメインにして、脚のキックはリズムを取るのに使います。足がつった時には、腕の力だけで泳いで下半身の痛みが治まるのを待ちます。すると徐々に痛みがなくなりますから、そこからまた泳ぎ出します。

ところが、痛みが治まって150～200メートル泳いだところで「第2波」が決

バイクの結果が成績を左右

まって訪れます。これも相当痛い。それだけにスイム中は「足がつる」と考えないよう競技に集中します。スポーツの世界では「ゾーンに入る」という言葉がありますが、競技に集中できていると不思議と足がつるという考えが頭をよぎることはありません。そうすると結果的に完走もできるし、タイムもよくなります。

バイクの時はもっと悲惨です。トライアスロンでは、バイクのペダルの部分を「クリート」と呼ばれるスキーのビンディングによく似た金具で、足とペダルを固定しています。つまり、懸命にペダルをこいでいる最中に足をつってしまうと、痛みでクリートを外すことができません。クリートを外すためには、足首をひねる動きをする必要がありますが、それができないので、そのままバイクを転倒させるしかないのです。転倒しても足に激痛が走っているので、痛みが治まるまでは動くことができません。世界選手権では何度もバイク中に足がつってしまって、タイムが大幅に遅れて足切り（タイムオーバー）になったこともありました。

足の痛みが引くまでの間に、後ろを走っていたはずの選手たちが次々と追い抜いていきます。そうなると心理的に焦ってしまって、バイクを再開する時に、思わず力が入りすぎて再び足が悲鳴を上げることとすらあります。それだけに、スイムと違いバイクでのアクシデントはリタイアしたりタイムオーバーになる可能性も高くなります。まさに致命傷になりかねないのです。

ドリンクにも気を遣います。水分補給はもちろんのこと、特製のドリンクで、塩分に含まれるナトリウムを積極的に摂取しています。オリジナルで足をつらないように予防する漢方もミックスしています。ドリンク自体は味が付いていて様々な栄養素が入っていますが、やはり補給のタイミングを逃してしまうと、足がつったり脱水症状になったりとリスクが伴います。夏は特に体内のナトリウムが体外に出てしまうと命取りですから、レース中も練習中も水分補給が頭の片隅から離れることはありません。

世界に拡散された「一枚の写真」

２０１５年の世界選手権で、バイクの最中に熱中症になった時は恐怖すら感じました。82歳の時のレースです。明らかに調整の失敗でした。レース前日、友人と共にビールと肉を食べすぎてしまった。レース中には吐くこともありました。

バイクになり、いざ補給食をとろうとしてものどを通らない。脱水症状とハンガーノックと言われる低血糖状態に陥り、全身が硬直して文字通り、頭から足までまったく動きません。体が動かないので、バイクと足がクリートで固定されたまま横倒しに

糟糠の妻・路子さん

なった状態で身動き一つとることができませんでした。

ハワイの世界選手権でのバイクのコースは溶岩だらけの大荒野です。周囲には建物どころか人影もありません。時折、後続選手のバイクが追い抜いていきますが、一秒でも速くタイムを縮めたいのですから見向きもされません。私は思わず、「ママ、助けてくれ」と叫んでしまいました。

「ママ」とは、2002年に亡くなった3歳年下の妻、路子（みちこ）のことです。私はレース中に窮地に陥ると、天国にいる妻に助けを求めます。

そうすると、必ず「奇跡」が起こります。

この時も信じられないことが起きました。まるで私の叫び声が聞こえたかのように、医療班のパトロールカーが通りかかってくれて、ピンチを救ってくれたのです。私はすぐにパトロールカーの後部席のベッドに仰向けで運ばれるや、体を覆い尽くすような大きな氷の板をお腹の上に乗せられました。体の火照りをクールダウンさせるための応急処置です。

さらに救護班のスタッフからは、５００ｃｃのペットボトルを2本渡されます。中身はナトリウムを水で薄めたような塩辛いドリンクです。「塩辛くてとても飲めないよ」と、こちらが説明しても「とりあえず飲め」の一点張り。有無を言わさず飲まされましたが、それほど脱水症状対策には、ナトリウムが有効だと痛感させられました。

レースですか？　実は医療班にサポートしてもらっても失格にはなりません。タイム的にはかなり遅れましたがバイクを再開。すると20キロほど進んだところで、再び足がつってしまいました。ところがこの時も、別の医療班のパトロールカーがたまた

ヒロムの名を一躍広めた「1枚の写真」

ま通りかかったんです。実にラッキーでした。

結果的には、足切りもなく最後のランまでこぎつけました。しかし、もはやスタミナ的には限界でした。制限時間も迫っていましたが、もはや走る余裕すらありません。ゴール地点50メートル手前の花道では足がもつれて転倒。さらにゴール直前でも転んでしまいました。それでも最後の力を振り絞って何とか、完走はできました。ゴールタイムは、16時間50分5秒。ところがなぜか、この年だけは制限時間が10分短縮されていて、わずか5秒のタイムオーバーという結果に。残念ながらゴールを果たすことはできませんでした。でも私は意識が朦朧としていたので、制限時間内にゴールできたと思い込んでいましたから、レース翌日の表彰式では表彰台に向かっていって「ゴールしていないよ」と制止されたこともありました（笑）。

ところが、その時の私がゴール目前でしゃがんでいる写真がＳＮＳ上にアップされると、世界中の人から激励のメッセージが届きました。日本語はもちろん、英語や様々な言語で……。中には解読できない言語もありましたが、それでも私を応援するメッセージであることはわかりました。このレースを通して、私のモチベーションはさらに高まりました。

仲間の激励で完走

翌２０１６年、私にとって83歳の世界選手権では、「リタイアしたら日本に戻れな

観衆の声援で力が湧いた

い」と退路を断って試合に臨みました。結果は10分ほどタイムを短縮してリベンジを果たしました。この時の記録は、16時間49分13秒で世界最高齢での完走記録となり、後に２０１８年の85歳以上のカテゴリーでの世界記録16時間53分50秒と合わせてギネスブックに認定されています。事前に私が最高齢記録になるかもしれないということで注目を集めていました。

ゴール地点の手前には、１００メートルほどの花道があって観衆で埋め尽くされていました。朝7時にスタートする世界選手権では、ランでゴールする時間は深夜になります。私は、ランの間、漆黒の闇の中ヘッドランプを頼りにコースを走り続けます。

レース後は「英雄」扱い

花道は煌々と明かりが灯っていて、私のゴールを待ち構える報道陣や人だかりの歓声が地響きとなって聞こえてきます。しかも歓声が地面に反響して、まるで地震のように道路が揺れるのです。コースからゴール地点を見てみると、遠くから観客が私に対して帽子やタオルを振って応援してくれています。後から聞いた話では、会場のアナウンスで、

「あと15分ほどでヒロムがゴールする」

とコールされていたそうです。

私は疲労困憊で、足を震わせながら走っていました。それでもゴール地点の観衆の盛り上がりぶりを見ているうちに力が湧いてきました。そのまま最後の力を振り絞って、ゴールまで一気に駆け抜けることができました。

このレースは、アスリート仲間のサポートに助けられました。ラスト6キロ付近の上り坂にさしかかったあたりで、沿道から一人の女性が近寄ってきました。彼女は、その年のアイアンマンで優勝したイギリス人の女性アスリートでした。

「ユーは、あと少しでタイムアウトだから一生懸命走れ」

激励の言葉でした。この言葉がなかったら私は坂道を歩くつもりでした。慌てて時計を見ると確かに17時間の制限時間が迫っていました。そこで、ヨレヨレのまま坂道を上り、下り坂に入った時点で一気にスピードを上げました。後でレース結果を確認したら1キロあたり6分という相当速いペースで走っていたようです。まさに火事場の馬鹿力です。もし坂道で歩いていたらそのまま制限時間をオーバーして、２０１５年のリベンジは果たせなかったでしょう。

２０１６年のハワイでのアイアンマン世界選手権での経験を通じて、日本人としての誇りを意識するようになりました。前年の世界選手権でのドラマチックな幕切れに、世界中から期待が集まる中でのレースでした。途中、あまりにも苦しくて、「もうダメだ」と何度も思いました。正直、死ぬんじゃないかと考えたほどです。その時に、何人もの仲間や応援する人たちの顔が浮かびました。「もしこの場で死んでも、死ぬまでやったならアイツは許してくれるだろう」と、そんな気持ちがこみあげてきました。戦中生まれですから大和魂を見せたいという気持ちもあります。レース前には、「期待に応えられなければ、生きて日本には帰れない」と悲壮な決意でレースに臨んだものでした。

私は２０１６年に続いて、２０１８年のレースで「85歳以上」のカテゴリーでも完走。この２つのカテゴリーでの世界最高齢記録が認められて、２０２０年7月にはギネス新記録にも認定されています。

ハワイのアイアンマンは世界の最高峰

これまで9回の世界選手権に出場しましたが、やはりハワイ島でのレースは格別です。ハワイの島々の中でもハワイ島は手つかずの大自然が残っています。中でもバイクのコースは、火山の麓にあたり、緩やかなアップダウンが続きます。私はバイクが遅くて、190キロの距離を大体8時間かけて走破します。景色も地平線まで月面のような火山岩の荒野が広がるばかりで、走行していると眠くなってしまうほどです(笑)。

ハワイの風は、山側から吹く北東方向からの「トレードウインド」が基本ですが、時折、南西からの「コナウインド」が吹き荒れることがあります。しかもいつ大砲のようなコナウインドが襲ってくるかわかりません。正直、どんな一流選手でも吹き飛ばされてしまいます。特にバイクのコースでは、道の左右にそびえる巨大な火山岩の間を駆け抜けないといけない場所が何カ所かあります。

その時に怖いのが、コナウインドの突風です。まるで大砲を撃った時のような「ドーン」という破裂音がした途端、バイクごと吹き飛ばされてしまいます。最悪の場合、火山岩に激突して大ケガをすることもあります。一番すごかった時には瞬間風速40メートル以上という記録があったそうで、その時は、ある選手がコナウインドの横

コナの突風には細心の注意

風で8メートルも飛ばされて巨大な火山岩に激突。九死に一生を得たそうです。

それだけに、風が強い日のレースでは細心の注意を払っています。巨大な火山岩が道路の両側に点在しているエリアを走行する時は緊張が走ります。とにかく無事を祈ってその場を速やかに通り抜けることだけを考えます。一度、コナウインドの暴風に襲われた時は、幸い片側3車線の道路を走っていて事なきを得たのですが、火山岩が点在するエリアに近づくと、道のあちこちに選手が倒れていました。しかも選手の顔を見ると、おびただしい流血をしています。ケガをした選手は、医療班の到着を待つばかりで、競技どころではなくなります。その時ばかりは自然の猛威に圧倒されて身の危険を感じました。

コナの世界選手権の「洗礼」は他にもあります。180キロのバイクのコースでは、折り返し地点の北側近くに川が流れています。ところが、その川には、水と一緒に灼熱の溶岩が流れてくる。川面からは湯気が立ち上り、距離があるにもかかわらず、熱風を浴びると「アチチ」と口をついて出るほど毎回、熱湯を浴びているような気分になります。

アイアンマンレースではバイクの出来不出来が成績を大きく左右します。2014年の世界選手権では、バイクの途中でタイヤがパンクしてしまいました。バイクでのパンクは日常茶飯事ですから、事前にスペアのタイヤは用意してあります。ところが、コースの途中で2度目のパンク。スペアはもうありませんから、半ば諦めの境地になりました。「これは一巻の終わりだ」と。

私は道端に自転車を置いて、そのまま横になりました。後続のバイクが次々と私を追い抜いていきます。「これも天命だ」と思っていた矢先、医療班の車が近づいてきました。どうやら道端で寝ているので、事故を起こして負傷していると勘違いしたよ

豪雨に襲われることも

うでした。担架を持ってきた医療班のスタッフに事情を説明したら、すぐにメカニックのスタッフを呼んでくれました。この時は実にラッキーでしたが1時間ほどタイムロスしたので、最終的には制限時間を5分オーバーする結果となりました。

最終競技のランでもハプニングに襲われたことがありました。２０１８年の世界選手権でランの最中に、まるで台風のような激しい豪雨が降り出しました。すると道路にどんどん水が溜まって標高の低い場所では、膝ぐらいまで水に浸かりながら、水の流れを横切るように走る羽目に。この時は、水の激しい抵抗に流されそうになりながら走るので、不安に駆られましたが無事、世界最高齢記録を更新する完走を果たすことができたのは奇跡的でした。

コロコロと天気が変わるハワイの天候には逆らえません。折り返しがあるものの、周回をせずにロングディスタンスの競技ができるのは「ビッグアイランド」のハワイ島ならでは。世界中のアイアンマンに限らず、私にとってもハワイのコナ・アイアンマンは、胸をときめかす憧れの「聖地」です。

周囲の応援がパワーになる

過去9回の世界選手権で無事完走できたのは、2012年と2016年、2018年の3回。DNF（Do Not Finish）と呼ばれるタイムオーバーが5回。リタイアは初回出場の2011年のみです。本番のレースは実に厳しくて正直言って、何度も心が折れます。それでも続けてこられたのは周囲の応援があるからです。

このことに気づかされたのは、2016年から2018年の世界選手権で3年連続アメリカ三大ネットワークの一つであるNBCが密着したことがキッカケとなりました。元々、年末に放送されるスポーツ特番で、1年間の主要なスポーツの競技大会の様子を紹介する内容だったそうです。

NBCのテレビクルーは、試合前々日からカメラで撮影を始めていました。とにかく何でも撮るので、最初は迷惑この上ありませんでした。バイクの時には、トラックをチャーターして荷台に三脚を固定して、並走しながら撮影します。しばらくしてトラックが前方に走っていったなと思いながら、またしばらく進むと路上にトラックを止めて、前方から私を撮り続けます。エイドステーションで食べ物を食べている様子も撮るし、最後はゴールの花道までついてくる。まさに密着です。しかし、振り返ってみると3年間を通じての成績は完走2回に、1回はバイクでのタイムオーバー。世界選手権での3回の完走のうち、2回はNBCが密着してくれていたのです。これは単なる偶然ではありません。

トライアスロンというのは孤独な競技です。ましてや、アイアンマンのようなロングディスタンスでは、観衆がレースを見守ってくれるのは、スタートとゴール地点ぐらいです。私は関西弁で言う「ええかっこしい」ですから、常にカメラという第三者の視線があることで、「自分の見た目をかっこよく見せたい」「どうやったらかっこいいフォームのままゴールできるか」ということを、より意識するようになりました。

声援を励みに走り続ける

私は練習の時も本番のレースの時も色々教わったこととか、自己流で学んだことを実践してブラッシュアップします。これまで「トライ&エラー」を繰り返しながら改善することで、よりタイムアップを心がけてきました。美しいフォームというのは、トライアスロンにおいても効率的なフォームですから常に気にかけています。別の言葉でいえば、美しいフォームという「美学」を求めて試行錯誤を繰り返しています。

92歳になった今でもかっこいいと思われたいという気持ちがあるのも事実です。腕の振りにしても足の上げ具合にしても、かっこいいフォームだと楽に走れます。表情一つとっても、レース中はしんどいけれどもしんどい顔はできない。そんなことを思いながら走っています。でも鏡は見ません。自分があまりにおじいちゃんになっているのを見るとガッカリするからです（笑）。それほど私の中では、92歳という年齢にこだわることなく、若いつもりで今も練習に励んでいます。

トライアスロンでは、レース中の進捗状況も計測システムで今何キロ地点を通過しているかが、リアルタイムで確認ができます。レース中はチェックポイントを通るたびに「ピッ」という電子音で知らせてくれるのですが、この音を聞くと内心ほっとします。

「きっと皆、応援している。次のチェックポイントまでいかないと……」

ランのスタート地点には観衆が待ち構える

と励みになります。直接会場まで応援に来れなくてもＳＮＳを通じて、私を応援してくれる人は世界中から書き込みをしてくれます。レース後に、その応援メッセージを読むと、「まだまだ頑張らないと」と背筋がピーンと伸びます。この誰かに見られているという気持ちが、競技を続けていく上で一番のモチベーションとなっているのです。

これぱかりは１人で練習をしていてもなかなか身につきません。ＮＢＣのようなメディアからの注目だけでなく、コーチやチームメイト、家族の声援、スポンサーの方々の支援もすべて自分の後押しになっています。

とりわけ、亡くなった妻はいつでも天国から見てくれていると感謝しています。講演会などでは「右の肩のところにいます」と冗談めかして話していますが、実は本気です。毎日、練習前には仏壇に手を合わせて、お祈りしています。いつまで競技を続けられるかわかりませんが、いつかあの世に行った時に彼女に「頑張ったよ」と報告したい。周りのサポートがあるからこそ、今でも私は競技を続けることができるのです。

第2章

世界最高齢の アイアンマンとして

戦争の記憶

私の前半生はスポーツとは無縁な人生でした。スポーツは大好きで活発な子供でしたが、残念ながらスポーツ音痴でした。生まれたのは大阪府の東成区長浜町という場所です。大阪城の手前に位置し、父親は地元で繊維工場を営んでいました。台湾に叔父がいて、できあがった衣類を現地で売るという商売をしていたそうです。最盛期にはかなり人も雇って繁盛していたようです。私が昭和７年（１９３２年）の11月19日生まれですから、徐々に戦火が激しくなっていく時代でした。

私が住んでいた場所の近くには、大阪陸軍飛行場（盾津飛行場）がありました。本土への攻撃も激しくなり始めていましたから、日本政府から「この辺りは狙われやすい。爆撃機がやってきたら被害も甚大になる」と強制的に疎開させられる羽目になりました。私が小学校４年生の時です。

そこで、親戚を頼って家族で、和歌山県田辺市に疎開しました。しかし、和歌山も安全な場所ではありませんでした。ご存じの通り終戦直前の昭和20年7月9日には、和歌山大空襲があるなど、戦禍にたびたび巻き込まれました。

繊維工場を畳んだ父親は、画材を中心とした文房具店を始めます。しかし戦争が激しくなるにつれ、アメリカ軍の爆撃もたびたびありました。自宅から臨める田辺湾にはアメリカの航空母艦が停泊。爆撃機が大阪方面に向かって飛んでいく様子を毎日、見ていました。大阪方面に飛んでいく爆撃機は、手前の和歌山には爆弾を落としません。ところが、艦艇に帰還する爆撃機は、使用しなかった爆弾を残さないように、わざわざ和歌山で爆弾を落として帰還するのです。私の同級生も何十人と亡くなりました。まさに悲

大阪の自宅にて

家族との写真。中央はお手伝いの女性

惨の一言に尽きます。

アメリカ軍はB29爆撃機で「1トン爆弾」と呼ばれるものすごい破壊力の爆弾を次々と落としました。私たちは空襲警報が鳴ると自宅にある防空壕へ逃げますが、1トン爆弾の威力には太刀打ちできません。防空壕どころか家が跡形もなくなり、爆弾の威力で大きな穴があいて、そこから地下水が噴出。大きな池ができるほどでした。

田辺の中心街には鉄道が敷かれていたのでアメリカ軍の格好のターゲットになっていました。終戦1年ほど前から は、祖父母の住む熊野古道近くの父親の実家に身を寄せることになりました。疎開生活は厳しいものでした。私は3回もアメリカ軍の飛行機に狙われました。

1度目は、勤労奉仕で馬が食べる草を背負って運ぶという仕事の最中でした。そこにエンジンを切ったアメリカ軍の飛行機が急降下してきて機関砲で私に向かって銃撃してきたのです。とっさに近くにいた父親が、「飛行機に向かって走れ」と絶叫しました。

私は言われたとおりに、アメリカ軍機の正面を向いて走り出しました。航空機のパイロットの顔がわかるほどの近距離です。「バリバリバリ」と機関砲のけたたましい音が響き渡りました。もし、私が父親の指示に従わず背を向けて逃げていたら、間違いなく背中に銃弾を浴びていたことでしょう。父親は近くの防空壕に逃げ込んで難を逃れましたが、草を刈っていた田んぼ一面に、銃撃による穴ができていて、戦慄を覚えました。

2回目の時も、見晴らしのいい田んぼでの作業中に攻撃を受けました。この時は足元近くを流れている用水路に逃げ込みました。ところが、用水路には茨がぎっしり。

痛みをこらえながら、アメリカ軍機がいなくなるのを待つのがとても長い時間に感じられました。

3回目は皆で勤労奉仕中に、アメリカ軍機が急接近してきました。そこで皆で近くにある大岩に穴をあけた緊急避難用の岩窟に逃げ込みました。するとその直後に入り口付近で「バーン」と耳をつんざくような音がして、入り口が粉々に崩れ落ちていました。実は日本軍のアメリカ軍機に対しての高射砲攻撃で着弾した時の爆発でした。とにかく今思い出しても過酷な環境でした。

祖父母は寡黙で時には厳しい人でした。祖父は村長を務めていました。ある時、友達3人と鮎を捕まえて、その勢いで芋畑に忍び込み、芋を盗もうとしたところ見つかってしまい、学校の知るところとなりました。次の日に校長室に呼ばれて大目玉です。

それどころか、家に戻ると祖父母が待ち構えていました。仏壇の前に座らされると、祖母が仏壇の横から何やら長い竿のようなものを取り出すんです。日本刀でした。かつて祖父母の家は、紀州藩の侍による日本で最後の仇討ちを見届けたという旧家。

「昔だったら家名を汚したらここで切腹だ」との厳しい説教には、つくづく参りました。

スポーツ音痴

戦争が終わったのは旧制中学2年生の時でした。世の中は戦争一色でしたから、新制中学に切り替わる時に、私は野球部に入り直しました。

私は大阪時代の小学校3年生の時に、大きな足のケガをしています。友達と追いかけっこをしていて道路を横切ろうとした時、練炭をリアカーに積んだ自転車に、左足首をひかれてしまったんです。本来なら外科医に診てもらうべきでしたが、当時は戦時中でした。苦肉の策で近所の柔道整復師に診察してもらったところ、左足首の複雑骨折という診断でした。

それ以来、しばらく歩けなくて、1年ほど整骨院に通院しました。

旧制中学時代には最初、陸上部に入りましたが、ケガの後遺症もあって、100メートル走が、あまり速く走れませんでした。部員からは「足を引きずっている」と指摘されました。そこで代わりに走り幅跳びに挑戦。するとケガをした左足で踏み切ると、意外なほど距離が出ました。そこで陸上部の活動だけは、しばらく続けましたが、短距離ではいつも補欠。あまり芽は出なかったのですぐに辞めました。

器械体操部にも入りました。部員は先輩のキャプテンと私の2人きり。練習で大車輪をしていました。練習では2回転したところで先輩が背中を叩いて合図をする約束になっていました。ところがある時、背中を叩いてもらうタイミングを逸して、バランスを崩して砂場に背中から落下してしまったんです。この時ばかりは本当に息が詰まって死ぬ思いがしました。それ以来、器械体操そのものが怖くなってしまいました。

次に入部した野球部では、いきなりエースに抜擢されます。当時としては背が高いという理由だけでした。ほとんどぶっつけ本番の状態で、いきなり練習試合での先発です。調子自体は悪くなかったんですが、とにかく打たれまくって打者一巡の惨敗。交代できるピッチャーもいなかったので、あまりにも格好悪い思いをしました。結局、野球部のメンバーに顔向けができなくて、そのまま退部しました。

その後、テニス部にも入りましたが、ラケットにボールが当たらず挫折。さらに自分で卓球同好会のような活動もしましたが、どれも長続きはしませんでした。

英語の世界に触れる

一方、勉学は割とできた方でした。旧制の中学校（和歌山県立田辺中学校）から新制中学を経て、和歌山県立田辺高校に進学します。受験勉強もしました。倍率は3倍ほどとかなり高かった記憶があります。私が通っていた旧制中学の先生たちは今でいう大学教授。特に親しくしていただいたのがハーバード大学に通っていた英語の先生でした。元々は広島大学に通っていたエリートで、実にアメリカ英語が達者でした。おかげで私も英語が得意になり、まだアメリカのＧＨＱ統治時代に行われた衆議院議員選挙では、米軍の将校についていって和歌山の選挙区の視察に同行。通訳を務めることもありました。まだ坊主頭の中学生でしたから、すごいカルチャーショックを受けました。

終戦までは、英語は敵国の言語でしたから、英語を話せる人の数はものすごく少なくて、私のような片言の英語でもえらく重宝されました。自宅の前にはキャバレーがあって、外国から来た海兵や船員が遊びに来ると、通訳として私が駆り出されることもありました。船員さんからはたまにチョコレートなどがもらえることはありましたが、基本的にはボランティア。それでも海外の文化に触れられる体験はとても貴重でした。

中学3年生の時には英語の弁論大会にも出ました。順位は残念ながら2位。1位がハワイからの帰国子女だったので、英語がペラペラでしたから無理もありません。ところが優勝を逃したにもかかわらず、教育委員会から副賞として、アメリカのシカゴのハイスクールに留学するという話が持ち上がります。願ってもないチャンスです。当時は、飛行機ではなく、船で渡航するのが一般的でした。しかし肝心の船舶がアメリカに行かないことになり、アメリカ留学の予定が暗礁に乗り上げます。そこで代案として大阪にある将校たちの子弟が通うアメリカンスクールに半年間、留学することになりました。高校1年生の時です。

高校の宿舎には教育委員会の主事が付き添ってくれました。とにかく、見るものすべてがカルチャーショック。男子校育ちの私は、男女共学というだけで非常に困惑したほどです。とりわけアメリカの女子高生は体が大きくてフレンドリーです。私にとって初めてといっていいほどの異性との会話でした。友人の1人が私に「ニックネームをつけないと」と言われて、思いついたのが「ジミー」というニックネーム。語源は私の性格が地味だったから（笑）。でも数学の代数は、中学時代に習っていた内容でテストでは100点を連発。体育の授業では、バレーボールにも挑戦。大柄なアメリカの高校生に交じって最初はセッターに徹していました。そのうちクラスメイトに促されて、スパイクを打ってみると、走り幅跳びの経験が役に立ったようで、思いのほかジャンプができてうまくいきました。そんな経験もあって、気づけばクラスの人気者になっていました。古典のシェイクスピアの授業は、まるで歯が立たなかった。それでも自由な校風を含めてとてもいい経験になりました。

父親の急逝

いよいよ高校生活も終盤にさしかかり、進路を迫られる時期となりました。そんな矢先、父親が急逝してしまいます。まだ48歳でした。病名は胃潰瘍。今ではそれほど大きな病気ではありませんが、手術後に医療ミスなどもあったようで、そのまま亡くなってしまったのです。

私は長男でした。兄弟は7人でしたが、戦中戦後の時代でしたから、すぐ下の次男と次女は早くに亡くなっていました。父親が亡くなり、兄弟5人の生活を母親が支えなくてはならなくなりました。そこで、私は高校卒業後は、進学を諦め家業の文具店を手伝うことに決めました。ただ、心残りはありました。私は、学校の先生の子供と同級生で、放課後はいつも2人で勉強をしていました。私のいた高校は毎年20人ぐらいが東京大学に進学していましたから「東大に行こう」と誓い合っていたのです。

ところが、直前の進路変更。すると成績も悪くなかったので不憫に思ったのでしょう。高校の先生が母親にかけあってくれて「大学にいけないのが惜しい」と進学を勧めてくれました。そこで母親も実家を頼って、進学することを許してくれました。

すでに進学を諦めてから半年ほどの時間が経過していましたから1年間浪人しての大学受験です。受験までの日数もすぐに迫ってきていました。そこで私は早稲田大学を受験することにしました。その理由は、亡くなった父親が早稲田が好きだったからです。バンカラな校風が気に入ったのかもしれません。それに加えて早稲田大学は当時、私立大学の割に学費が安かったことも決め手となりました。

受験も見事合格。晴れて私は早稲田大学の教育学部英語英文学科に進みます。上京して最初に住んだ下宿先は高円寺にありました。とにかく貧乏で、食べるものにも事欠く有様です。当時は外食なんてもってのほか。学校近くのパン屋でコッペパンを買っておまけでバターを塗ってもらってお腹を満たしていました。机も文字通りミカン箱の上で勉強する。そんな生活でした。

アルバイトも様々な仕事を経験しました。得意の英語を駆使して貿易会社の通訳をしたり、高校時代から山岳部に所属していたこともあり、夏休みに山小屋に荷物を運ぶというバイトにも挑戦しました。まだ日本全体が貧しかった時代でした。

グリークラブでの課外活動

大学ではグリークラブに入ります。いわゆる「男声合唱団」です。私はセカンドテナーでした。大学卒業後も85歳までは合唱団に所属。今でもOB会などでお声がかかれば、美声を披露することもあります（笑）。大学2年生の時にはコーラスグループ

グリークラブでは選抜メンバーとして芸能活動にも挑戦

「コール東京」のメンバーに選ばれ、芸能活動していた時期もありました。メンバーは12人で私の他には、バスパートで後にボニージャックスのメンバーにもなった玉田元康も同級生にいました。

大学生当時、隣の朝鮮半島では朝鮮戦争が勃発。私たちは米軍の関係者に声をかけられ、米軍キャンプの慰問団の一員として、米兵たちの前で歌を披露するようになります。

コンサートでは、アメリカで流行している歌をコーラス用に楽譜を手直しして歌っていました。最先端ではなくてちょっと昔に流行った曲がアメリカ兵には人気です。故郷を懐かしんで涙する人もいれば、女性が出てくると、感情が高ぶって抱き着きそうになる米兵もいたほどです。

米軍の関係者は今でいう興行を仕切るプロモーターのような立場の人で、慰問団には雪村いづみのようなポップス歌手やダンサー、マジシャンもいて、毎回大盛り上がり。確か当時、月8000円ほどのギャラをもらっていた記憶があります。私は英語が得意だったこともあり、司会進行役をすることもありました。

そうした最中、突如、NHKのラジオ番組に出演することになりました。慰問団にスカウトしてくれたプロデューサーがNHKに売り込んでくれたらしく「ラジオ歌謡」という番組で、毎週1曲の歌を生放送で歌うという行幸にも恵まれました。日当は1日800円。いざ現場に到着すると、作曲家が書いたばかりの楽譜をいきなり渡され、リハーサルは1回だけ。ほぼぶっつけ本番で生放送に臨みます。一度だけ藤山一郎さんが指揮者を務めた記憶がありますが、生放送で記録も残っていないので、どんな歌を歌ったかは、残念ながらまったく覚えていません。

スポーツとは無縁の学生時代

性懲りもなくスポーツにも再挑戦しましたが、どれも三日坊主でした。手始めに入ったのが、ボクシング部。入部から2カ月ぐらいたった時に早慶の学校対抗戦があって出場することになりました。待望のデビュー戦です。

慶應大学といえば、早稲田の永遠のライバル。試合前の応援合戦もいやがうえにも盛り上がります。名前と大学名を連呼してのゴング。私は相手選手とグローブを合わせた瞬間、記憶が飛んでしまいました。気づけば医務室に横になっていました。わずか5秒でノックアウト。恥ずかしいったらありゃしない。私はその後、部室にも顔を出せずにそのまま退部しました。

続けて入ったのが空手部。その理由はボクシング部の隣に部室があったからでしたが、ここでも大恥をかきました。観客を集めての空手の試技。部員が一列に並んで一斉に板割りをしたところ、私だけが割ることができずに、痛恨のミス。拳もケガをして散々な目にあい、ほどなく辞めました。

そして最後に柔道部の門を叩きました。柔道は打撃ではなく組み技中心ですから、今度こそ大丈夫かと思いきや、乱取りで大腰のような投げ技で腰を激しく打ちつけられ、しばらく動けなくなり挫折。黒帯までは取りましたが、あまりに格好悪い投げられ方に失望し、そのまま退部してしまいました。

つくづくスポーツと縁のない人生でした。そこで私は高校時代に唯一続いた山岳部に入りました。山登りはスポーツではありませんが、唯一私が続けることができた趣味です。社会人になってからも休みの日に妻と山登りを楽しむなど、私にとってはかけがえのない楽しみの一つになっています。

妻との出会い

いよいよ大学を卒業する時期が迫りました。私は教職の授業も取っていて、教員免許も取得。地元和歌山の高校から「英語教師にならないか」と声をかけてもらいました。しかし、私の実家はすでに三男が後を継いでいました。郷里に帰る義理もありません。

そこで私は持ち前の美声を生かして（笑）、しゃべる仕事であるアナウンサーになるのもいいかと思い、ＮＨＫの就職試験を受けることにしました。音声テストは悪くなかったもののアドリブのしゃべりはあまり得意ではありませんでした。その結果、アナウンサーにはなることができませんでしたが見事合格。配属は放送記者。大阪に赴任して、関西圏のニュースを取材することになりました。

とにかく放送記者の仕事は忙しかったの一言に尽きます。記者クラブに詰めて事件が起これば現場に直行。夜討ち朝駆けも当たり前で、休日に電話で呼び出されること

NHKの支局での1枚

もしょっちゅうでした。
そんな矢先に出会ったのが、後に妻となる3歳年下の路子でした。場所は取材で訪れた和歌山県の「民謡コンクール」の会場でした。会場には地元和歌山の観光バス会社のガイドさんが集められ、その中に路子がいたんです。
お題は和歌山県の民謡、正調串本節。ところが、バスガイドさんの中でも彼女だけが不合格。声は抜群に美しかった。ただ残念ながら節回しが上手ではなかった（笑）。その様子があまりに気の毒で……非常に印象に残っていたんです。

それから3カ月ほど過ぎて、和歌山県に新しい温泉ができたので取材することになりました。温泉地ということで交通手段として観光バスで現地に向かうことにしたんです。そこでバスに乗り込むと出迎えてくれたバスガイドが彼女でした。当然、取材もありますから、その場では連絡先だけを交換しました。

私はすでに彼女にひかれていました。ところが路子は当時、観光バス会社の女子寮に住んでいました。下手に男性が電話をすれば取り次いでもらえるかわかりません。ましてや居留守を使われては相手の気持ちも確認できない。そこで私は一計を案じて電報を打つことにしました。

「取材の関係でバス会社の近くに行くから午後5時に近くの喫茶店に来てほしい」

そういった内容でした。相手も返信する時間的な余裕はありません。いざ、待ち合わせの時間になると、彼女は喫茶店に現れました。ただし、後輩のバスガイドも一緒でした。当時はまだ男女交際に寛容な時代ではありません。ひとしきり3人で会話を済ませると、別れ際、後輩のバスガイドが私に耳打ちをします。

「もし付き合いたいと思ってもダメですよ。彼女には親が決めた許嫁がいるんです」

思わず私は「誰だ」と尋ねると、京都大学の相撲部の学生だといいます。私は闘志がめらめらと湧いてきました。

それからほどなくして、今度は彼女の方から大阪の支局に電話がかかってきました。支局の部長から「稲田君、女性から電話がかかってきているぞ」と。すぐに受話器を取ると、

「この前は失礼しました。またこちらに来た時は声をかけてください」

ここから2人の交際はスタートしました。

初めてのデートは奈良でした。約2年間の交際を経て結婚。彼女の家に挨拶に伺った時も特に反対されることもなく親戚からも歓迎され、新婚生活が始まりました。

天下の大スクープ

いざ新婚生活が始まっても仕事は年中無休です。深夜に呼び出されたり土日返上の

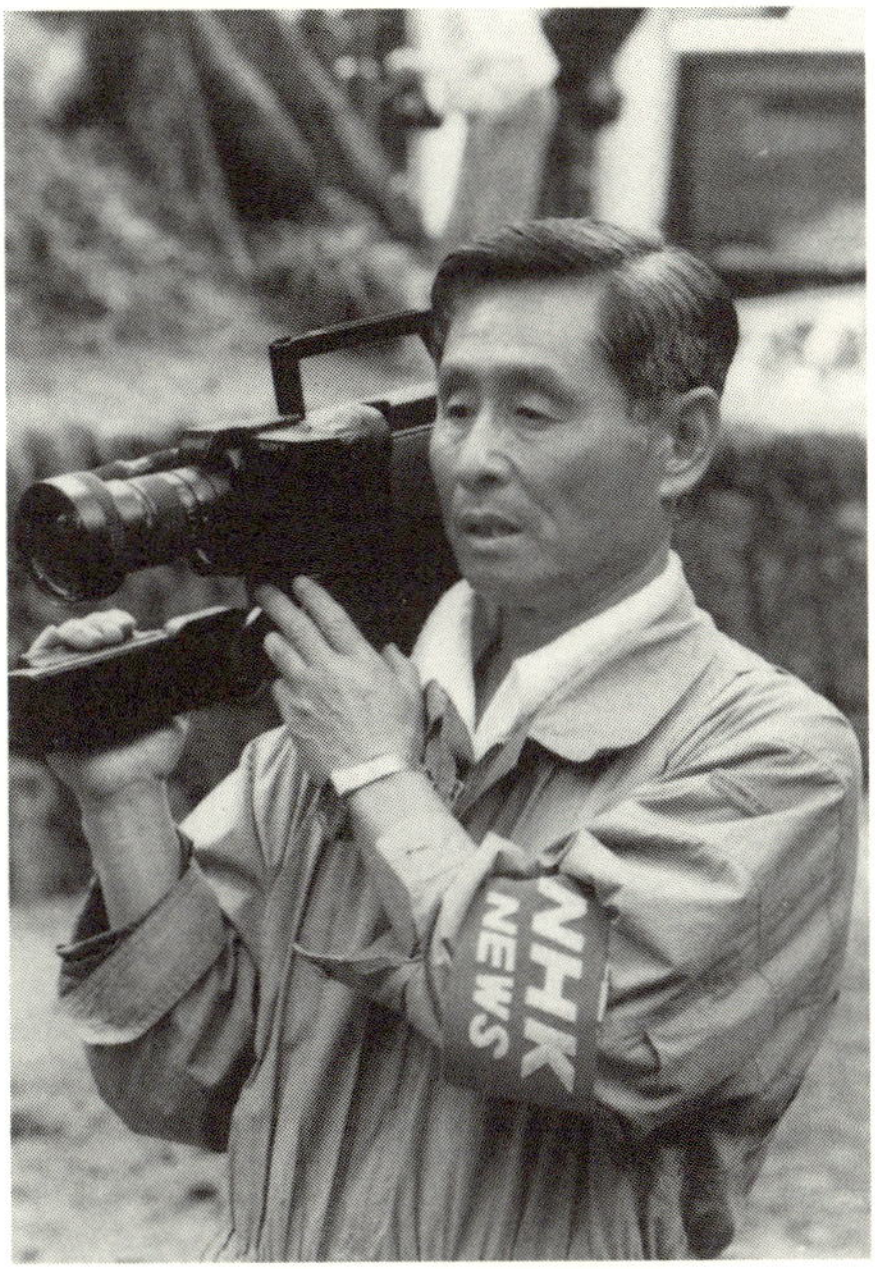

テレビカメラで自ら撮影

仕事ぶりでも妻は文句一つ言いません。温厚な性格で私にとっては女神でした。すぐに子宝にも恵まれ、ますます私は仕事にのめり込み、家庭は妻任せでした。

忘れられないスクープがあります。和歌山支局にいた頃のことです。高野山で織田信長の墓を見つけ一報をスクープしたことです。織田信長と言えば、比叡山の焼き討ちで有名でしたが、高野山でも高野聖１３００人を処刑したことで「仏敵」とされる人物です。ところが、このお墓が今も空海さんがいらっしゃる弘法大師の御廟にほど近い場所から発見されたということで全国的な大ニュースとなりました。

私はたまたま近くの寺院を取材した帰りに、以前から親しくしてもらっていた高野山の宝物館の館長を訪ねました。その場で館長が800年ほど前の古文書を出してきて「信長の小墓一基」と書いてあることを教えてくれました。館長は「おそらく信長の墓があったんでしょう」と。

本当なら歴史の定説を覆すニュースです。私は、この事実を知らしめようと番組にすることを考えました。そこで旧知の高野山大学の先生に電話をかけて、戦国武将が数多く眠る御廟近くの墓所を捜索してほしいと頼みました。

墓所と言っても当時は蔦が絡まるような鬱蒼とした林です。大小数千もの墓が点在している状態でした。そこで手伝いの学生たちと共に信長の墓を探す光景を撮影することに。その日は残念ながら見つからず、撮影だけ済ませて帰ったところ、夜中に大学の先生から電話がかかってきました。

「信長の墓が見つかった！」と言うんです。

それで早朝に現場に駆けつけ、朝のニュースで全国に中継しました。

信長の墓は、武将たちの墓が点在するエリアの中でも、特に弘法大師の御廟に近い奥まったところにありました。信長の立派な墓は木立に埋もれ苔に覆われていました。そこで検証すると菩提寺と一致する戒名が隠されていたのです。

さらに刻まれている年号も本能寺の変があった「天正十年」です。近くに臣下の墓も並んでいます。これは信長に違いないということになったわけです。かつては「高野山を攻撃したから信長の墓はない」と案内されていましたが、今は「攻撃した武将も仏の慈悲の精神で、赦して迎え入れている」と説明しているそうです。

妻の難病が発覚

30代から40代にかけては働き盛りの時期、私は様々な場所に転勤もしました。子供が受験期だったこともあり、単身赴任はトータルで8年になります。広島や宇都宮にいた時期もありました。

彼女も子育ての合間に近所のデパートにパートに出ていました。上司、部下を問わず慕われていたと聞いていましたが、子供が大きくなると仕事も辞めて、私の趣味の

2人で趣味の山登りを満喫

山登りに付き合うようになりました。

妻は学生時代にスポーツをやっていたかどうか定かではありませんが、身のこなしが軽くて山登りでも私よりも結構足が速くて驚かされました。それどころか、ちょっとした大きな岩場もひょいっと登ってしまうほどでした。

単身赴任中も時間が許せば、私のもとに通ってきました。広島で勤務している時は、最後の1年は妻が押しかけてきたほどです。休暇を取って、1週間ほど中国地方の山登りをしたり、九州地方まで足を延ばしたこともありました。彼女曰く「2人で同じ景色が見られるのが楽しい」と言っていました。
老後になったら、「百名山を踏破したい」なんて約束したことが懐かしく思い出されます。

その矢先、妻が42歳の時に難病であることが発覚します。自転車で転倒した時に膝を出血。いつまでたってもケガが治らないので診察してもらうと、血小板減少性紫斑病という難病でした。血小板は本来、出血すると血液を凝固させようとします。ところが、この病気になると血小板が異物と判断されて、自己抗体により破壊されてしまいます。そうなると血小板そのものの数が減ってしまうので出血すると止まらなくなり、最悪の場合は、死に直結します。

しかし病気が発覚してしばらくは、それほど症状がなかったので日常生活にもあまり支障はありませんでした。2人で山登りや趣味のテニスを楽しんだりもしていたほどです。

時間が経過し、帯状疱疹が出るようになってからは体力が落ちて病状が悪化しました。帯状疱疹は一度発症すると猛烈なかゆみに襲われます。私が介護しないと彼女がしんどそうにするので、目が離せません。そうなると、単身赴任はおろか、なるべく自宅で介護を優先する生活にならざるを得ませんでした。

もちろん一度出血をすると、彼女の生命にかかわります。私は料理教室に通って2人分の料理を作るようになりました。家事もできるだけ彼女の負担がかからないようにしました。

水泳に目覚める

60歳になった時、私はＮＨＫを退職する道を選びます。再雇用の話もありましたが、彼女の介護に専念することにしたのです。ところが、ここで一抹の不安がよぎりました。自宅で彼女をベッドから上げ下ろしする時に、息切れするようになっていました。これではまだまだ先の長い介護生活が体力的にもちません。運動不足を痛感しました。

妻の介護のためには家にいなければいけない。でも運動はできない。そのタイミングで偶然、自宅の近くにスポーツクラブがオープンするとポスターが貼ってありました。これまで運動習慣がない私には天啓でした。そこで私はNHKを退職して3日後には、スポーツクラブの会員になっていました。学生の時以来のスポーツです。

そのスポーツクラブには25メートルプールがありました。しかし、私はカナヅチでまったく泳ぐことができませんでした。最初は水の中に飛び込むだけでも恐怖です。水に顔をつけて泳いでも3メートルも進むことすらできませんでした。それでも水泳は全身運動ですから短時間で済ませることができます。介護の合間に通うには最適なスポーツでした。

しかも水泳のインストラクターの人が、後に私のコーチになる人ですが、とても優秀で誉め上手。泳ぎが苦手な私に水泳の手ほどきをしてくれたばかりか、フォームの

マスターズ水泳では世界記録目前に迫った

改善や負担のかからない泳ぎ方までレクチャーしてくれました。当時、スポーツクラブもオープンしたばかりでプールで泳いでいたのは私一人きり。ほぼマンツーマンで泳ぎのアドバイスをしてくれたおかげで、私はすっかり水泳の魅力にはまってしまいます。

後でわかったんですが、彼はジュニアオリンピックなどでも指導をしている有名なコーチでした。道理で教えるのがうまいはずです。しかも「ええかっこしい」の私の性格を見抜いていたのでしょう。徐々に水泳のタイムが上がってくると「もうちょっとここを頑張ってみましょう」と的確なアドバイスをしてくれます。見る見るうちに水泳が上達して、会員になってから半年ほどでマスターズの大会に出場できるほどになりました。

プールには毎日通いました。何しろ、家では妻の介護に全力投球です。1日に2、3回行く時もあれば、スポーツクラブのお風呂に入って帰ってくるだけの日もありました。要するに他にすることがないから泳いでばかりいたんです。とにかく、最初は体を動かしていないと体力が落ちてしまって、ダメになるということしか頭にありませんでしたが、気づけば水泳が上達することが、面白くてしょうがなくなります。徐々にスタミナもついてきて、長距離を泳いでも疲れなくなりました。

一番絶好調だったのが67歳の時です。いくら泳いでもバテませんでした。最初はクロール専門でしたが、背泳ぎ、平泳ぎ、バタフライまで習得できるほどに。3年目からはマスターズ大会に200メートル個人メドレーで出場するようになりました。

マスターズの選手で、個人メドレーにエントリーする選手は少数派です。60代では、私の通うプールには1人しかいませんでした。そこで、コーチから提案されマスターズ出場を目指す選手たちが練習するチームに誘われました。その結果、最高峰の大会であるジャパンマスターズにも出場することができました。カナヅチだった私が、シニアのトップ大会に出場できるとは夢のような気分です。

今から30年ほど前には、還暦を過ぎて本気で水泳をガッツリ練習する人は少なかった時代です。私は個人メドレーの中でも、バタフライがずば抜けて得意でした。取り組み始めたばかりの頃は、タイム的には及第点。それほどの選手ではありませんでしたが、ライバルと言われる選手たちよりも私の方が徐々にタイムが速くなっていきました。コーチからは、

「バタフライと自由形は50メートルの日本記録を狙える」

と背中を押してもらいました。

マスターズは、年齢別で5歳区分に分かれています。67歳の時のマスターズでは、50メートルバタフライと自由形でエントリーしました。自由形の日本記録イコール世界記録で、タイムは32秒ジャストでした。一方、私のタイムは32秒03。コンマ3秒足

りませんでした。後から撮影してもらっていた動画を観ると観客席から「速い！」っていう歓声が飛び交っていました。コーチからは「バタ足をもっと強くすれば記録が狙える」と言われていましたから、そこだけを意識しました。結果的には少し及びませんでしたが、ここまでできたという満足感は、今までまったく味わったことのない気分でした。

水泳に限らず、トライアスロンでも第三者からのアドバイスというのは実に重要です。特に、全盛期を迎えつつある選手はコーチからのアドバイス一つで、成績が大きく変わります。この時の結果は残念ながら世界記録には及びませんでしたが、後の競技生活を考えると実に意味のある経験でした。

介護との両立

ここまでお話ししてきたように、私にとってスポーツとは「挫折の連続」でした。

水泳についても私のような1930年代生まれの世代は、水遊び程度ならしていましたが、学校にプールもない時代。水泳の授業も部活でも水泳は一般的ではありませんでした。

60代という年齢は、世間的には老人と言われ始める世代かもしれません。しかし、私からすれば60代という年齢は、コンディション的には、まだまだ絶好調です。泳いでも泳いでもまったく疲れない。ウチに帰れば妻が待っています。練習環境も申し分ありませんでした。自宅からも近く、長時間でなくても1時間もあれば練習はできました。

唯一、気がかりだったのが大会に出場する日のスケジュールです。一番近い競技大会の場所は、千葉県の新習志野。ジャパンマスターズの会場は神奈川県の横浜でした。試合当日は、病床の妻を置いてレースに出場しないといけないですから、この時ばかりは「罪の意識」にさいなまれました。

私は好きな水泳で大会に出場している。片や妻は闘病で苦しい思いをしている……。

そう考えると、妻の看病に戻るために、できるだけ早く帰りたい。もし妻が出血したら大変なことになりかねない。一抹の不安を抱えながら大会に臨んでいました。

介護している最中に一度だけ妻が大量の出血をしたことがありました。すぐに救急車を呼んで一命は取りとめましたが、出血が止まらない妻の介護ができるのは私だけです。帯状疱疹で痛がる妻のそばにいてあげたい。それが私の願いでした。

介護と競技の両立は大変です。生半可な気持ちではできません。それでも私がずっと24時間在宅介護していては、自分のメンタルももちません。下手をすれば、共倒れになってしまいます。短い時間でも集中できる水泳の時間は、私にとってかけがえのないものでした。

今でも私は妻の仏壇に手を合わせる時に「あの時は試合に出て申し訳なかった」と詫びています。

トライアスロンへの道

私は水泳と並行して、65歳から5年連続でアクアスロンという競技にも挑戦することになりました。文字通り「水泳と長距離走」の大会です。初めてエントリーしたのが茨城県の下妻で開催された「砂浜フレンドリーフェスティバル　スイム&ラン」という大会です。距離はスイムが1500メートルでランが10キロです。当時、練習を一緒にしていたマスターズの水泳仲間数人と「面白そう」という理由で出場しました。大会に向けての特別な練習はしませんでした。

アクアスロン時代の著者

水泳には自信がありましたが、

長距離走は未知の領域です。それでも仲間を含めて全員が無事完走できました。そこで役に立ったのが山岳部での経験です。高校時代に始めた山登りでしたが、大学時代にも山岳部に所属。山には登っていましたので足腰は丈夫でした。社会人になってからも会社の同僚や妻ともハイキングではありましたが、山登りを続けてきたことで、筋力が衰えずにタイム的にはかなり遅かったものの完走することができました。さらに私たちはマスターズを目指していたシニア世代だったので、最高齢特別賞まで受賞することに。以降、5年連続で大会に出場するたびに、タイムも速くなる一方、最高齢者表彰を毎回いただくことができました。シニア世代の競技者にとって、これほど励みになることはありません。実にありがたいかぎりでした。

実は私はこの時期まで、トライアスロンについてまったく関心がありませんでした。ところが69歳の時です。アクアスロンの大会の会場に到着すると、多くの選手が自転車で会場に来ていることに気づきました。自転車と言っても色彩やデザインもスタイリッシュなトライアスロンバイクです。頭には色鮮やかなおしゃれなヘルメットを被っていて、私は目を奪われました。

「あの格好がしてみたい」

心の声がしました。トライアスロンという競技に対しての興味というよりも、アスリートたちのファッションや格好いいバイクそのものに憧れました。よく若い人が流行の職業に憧れるあまり「見栄えから入る」といいますが、いい年して私もご多分に漏れませんでした。

真っ先に18万円もするロードバイクを買いました。値段は私の選択を躊躇させるには十分高額でしたが、何としてもおしゃれなバイクに乗りたくて清水の舞台から落ちる気持ちで購入を決意します。これが私のトライアスロン挑戦の第一歩となりました。

一方、妻の病状は徐々に悪化していきました。妻は入退院を繰り返していましたが、この頃から病院での入院生活の方が長くなっていきました。私は、毎日病院で看病をしていましたが、24時間体制の介護生活から解放されたのを機に、初めてのトライアスロンに挑戦することを決めました。私が70歳の時です。場所は千葉の幕張でしたから自宅からそう遠くありません。入院している妻のことを考えると、病院からもそう遠くない場所で、エントリーするのがベストだと考えました。

妻を看取る

トライアスロンは、アクアスロンで経験していた「スイム&ラン」に加え、バイクがあります。初めてのトライアスロンはオリンピックディスタンス（スイム1・5キロ、バイク40キロ、ラン10キロ）だったので、バイク以外は何とかなると思いました。実際、レースではバイクで転倒するというハプニングがあったものの見事完走。初出場で初完走という結果に、私は大満足しました。

私はここで初めて妻にトライアスロンに挑戦したことを打ち明けます。いや、つい

「完走した」と入院先の病院で妻の前で口を滑らせてしまったのです。水泳については妻も承諾済みでしたが、これまで妻に内緒でアクアスロンの大会に出場してきました。しかし、妻からは意外な答えが返ってきました。

「パパが一生懸命になれることを見つけて、私はうれしい。私ができない分も頑張ってね」

どうやら妻は私が何かしらのスポーツに打ち込んでいたことを察知していたそうです。私がアクアスロンの大会に出ていた時のこと。試合当日に私がゼッケンをつけたウエアを着ていたことを妻に見つかったことがありました。その時は妻に「友達が水泳の大会に出場するからその付き添いで会場に向かう。付き添いも選手を見分けるためにゼッケンをつけるんだ」とウソをついてごまかしたのです。でも妻はお見通しでした。

「水泳大会から帰ってきたらやけに日に焼けていた」

と。「動きを見ていたらわかる」「着替えている時に見える」と、妻は私の行動に理解を示してくれました。

彼女は常々、「2人でできることがうれしい」と言っていました。山登りやテニスもそうでした。趣味のギターの演奏もベッドで聞かせると誰よりも喜びました。でも体力が落ちていく中で、2人でできることは限られていきました。それでも彼女は私を応援することで、孤独なトライアスロンという競技も「2人でできること」だと改めて私に教えてくれました。

妻も私の完走の報告にうれしそうに聞き入っていました。それからわずか2カ月後、妻は帰らぬ人となります。

今でも忘れられないのは亡くなる2日前のことです。当日、妻の67歳の誕生日に、私は小さなバースデーケーキと花束を買って病室でお祝いをしました。妻は私を見かけると、ベッドから体を起こして笑顔で迎えてくれました。特に何か特別なことを話したわけではありませんが、実に穏やかな時間でした。私にとっては貴重な瞬間でした。

トライアスロンへの情熱

妻が亡くなってからの3カ月間は、自分が何をしていたかまったく覚えていません。茫然自失とはこのことでしょう。43年間一緒だった妻を亡くしたのですから、当然です。私が記憶しているのは、近くのスーパーに買い物に行った時のことです。何かうわごとをつぶやきながら買い物をしていたことだけは覚えています。その時に妻の名前を呼んでいたのか、何かを嘆いたのかはわかりません。さすがに私の息子も「父は頭がおかしくなってしまったのではないか」と心配していたほどだったようです。

ただ時間が経過するにつれて、妻がトライアスロンをすることを許してくれたことについて、考えるようになりました。そこで60歳で仕事を辞めた私には、トライアスロンしかないと再確認します。そこから私はトライアスロンにのめり込むようになり

国内のトライアスロン大会で次々とエイジ優勝

ます。

以来、茨城県潮来市の「潮来トライアスロン」と、茨城県神栖市の「波崎トライアスロン」、千葉県銚子市の「銚子トライアスロン」に毎年出場するようになりました。トライアスロンもまたシニア世代の選手が今よりもかなり少ない時期でした。最高齢選手として出場した私は次々と大会記録を塗り替え、結果を出し続けます。優勝賞品がもらえるし、地元の新聞に取り上げられたり、モチベーションが上がります。また、競技に熱が入りました。

この時期はまだ、暗中模索で我流なが

ら練習をしていましたが、大会に出るたびに結果を出せたので個人的にも納得していました。

74歳になった私は、次のステップに進みます。「波崎トライアスロン」で、オリンピックディスタンスだけでなく、ミドルディスタンスの距離でもレースが開催されたんです。ミドルディスタンスは「アイアンマン70・3」とも呼ばれ、スイム1・9キロ、バイク90キロ、ラン21・1キロの距離を踏破する競技です。私もオリンピックディスタンスでは完走続きだったので、何とかなると思いました。結果は、制限時間ギリギリだったものの見事優勝。終盤のランではかなり歩く時間もありましたが、「これはイケる」という感触がありました。

翌年も完走し、見事2年連続の優勝を果たします。それでも私は同じコースでの連勝だったので半信半疑な気持ちもありました。そこで新潟県の佐渡島で開催された「佐渡国際トライアスロン」のBタイプ（スイム2キロ、バイク108キロ、ラン21・1キロ）というミドルディスタンスよりも長い距離の大会に出場することにしました。その大会でも予想以上に調子がよくて、エイジ別で優勝を成し遂げました。いよいよ機は熟した。私が目指したのは、アイアンマンの世界でした。

ロングディスタンスでの初挫折

次の狙いはいよいよロングディスタンス（スイム３・８キロ、バイク１８０キロ、ラン42キロ）への挑戦です。

76歳になっていました。長崎県の五島列島で開催される「アイアンマンジャパン」というロングディスタンスのレースに出場することにしました。これまでエイジ別では負け知らず。自信満々でレースに臨みました。完走できれば、年代的にもハワイでの世界選手権の出場権は獲得できます。

ところが、ミドルディスタンスの２倍という距離もさることながら、コンディションのよさに乗じて、レースを進めていたところ、最後のランで失速。ここで足が何度もつってしまい、痛みを堪えながら走り続けました。結果的には、周回コースの2周目に入る時点、約20キロぐらいの位置でタイムオーバーを迎えてしまいます。これまで順風満帆だっただけに、まさかの失格です。

一応、ランを続けて距離の上ではゴールすることができましたが、私は相当悔しい思いをしました。レース後は周囲の目も憚らず、岩場に座り込んで放心状態でいたんです。

すると大会関係者の方から声をかけられました。「あなた来年もやる気ある？」と聞かれて、「もちろんですよ」と答えたら「今みたいに1人で我流の練習だけしていても、来年も結果は同じでしょう。ならば、ちゃんとしたコーチに師事して練習すれば完走できるかもしれない。住んでいるところが千葉県ならばいいとこがあるから」と紹介してもらったのが、稲毛のトライアスロンチーム「稲毛インターナショナルトライアスロンクラブ」でした。

私は最初、かなり入門するかどうか悩みました。トライアスロンの世界では知らない人がいないほど、実績のある名門チームです。オリンピック選手も複数輩出しています。正直言うと、あまりにすごいチームなので、「私みたいな年寄りが入っていいんかな？」という不安もありました。心の中で「いや入れてくれるはずないだろう」と3カ月ほど葛藤していました。

でも迷っていても次の展開は見えてきません。五島列島での失格の経験から、「絶対に来年こそリベンジをしたい」と連絡を取ってみると、「会費を払っていただけたら大丈夫ですよ」とあっさり。私が思いっきり上げていたハードルはまったくの杞憂でした。結果的に、私は習い事感覚でクラブに入会しました。

本気で挑む

しかし、ここからはまったくの別世界でした。まず選手たちの顔つきが違いました。オリンピックを目指すような人たちは、目の色が違います。練習一つとっても真剣度が違うので周囲からすると気迫を感じます。ましてやバイクの合同練習では、スタート地点は同じはずなのに、序盤の交差点1つ到着する間に、遥か彼方に選手たちが見えます。私は元々バイクが遅い方とはいえ、トップ選手が折り返し地点に到着する頃でも、まだその半分にも到達していません。76歳にして、ものすごいカルチャーショックを感じました。

もちろん、技術的にもこれまでの我流から一転、いかに効率的でタイムを上げるかということが体系化されているのかと愕然とさせられました。しかし、技術そのものよりもレースに向かって、ここまで全身全霊で精神的に鍛錬を積むことができるかという選手たちの姿に衝撃を覚えました。わかりやすく言うと、いかに追い込めるのかが勝負の鍵だと。

ならば、自分を追い込める環境に身を投じること。タイムを速くするためには一生懸命に練習に取り組むのはもちろんのこと、24時間すべてをトライアスロンに捧げる覚悟がないと、試合には勝つことができない競技だということに気づきました。これは我流でやっていては気づかない大きな違いでした。

しかも、オリンピック候補や有力な選手たちと練習を共にしているうちに、私の心境も大きく変化しました。練習への向き合い方が変わると、タイムも飛躍的に速くなっていきます。これまでしんどかった練習も徐々にこなせるようになっていきます。

さらにタイムがアップするとチームメイトが声をかけてくれます。

「ヒロムさん、随分速くなったんじゃないの」

我流での挑戦に限界が……

彼らは立派なオリンピック候補の選手です。私は平静を装っていましたが、うれしくてたまりません。そうした経験を経ると、厳しい練習で体力的にギリギリの局面でも、「ついてきてくださいよ！」と言われれば、1人で練習していた時と違って、もうひと踏ん張りできます。そのことが、私がアイアンマンの世界でも活躍できた大きな原動力となりました。

世界デビューまでの道のり

チームでの練習を始め、一度は失いかけていた自信を私はもう一度取り戻していました。いよいよ2年越しのリベンジの時が来た。そんな矢先、宮崎県で家畜伝染病の口蹄疫ウイルスが発見され、感染拡大の懸念が浮上します。アイアンマンジャパンの会場である長崎県の五島列島も畜産業が盛んだったため、大会そのものが急遽中止になってしまいました。

一度はモチベーションが低下しそうになりましたが、意を決して出場したのが愛知県の知多半島で開催されたミドルディスタンスの大会です。私の目標はあくまで世界選手権の出場。それほど意識していませんでしたが、大会名に「アイアンマン」と冠

初めての海外挑戦で見事2位に

していたので、チームメイトとエントリーすることにしました。結果、距離的にも慣れ親しんでいたこともあって見事完走を果たし、優勝することができました。すると、意外な展開が待ち構えていました。

アメリカのフロリダで開催されるミドルディスタンスの世界選手権「75—79歳」のカテゴリーに出る権利を見事得ることができたのです。77歳にして初めての海外でのトライアスロン。胸が高鳴りました。

初めての海外でのアイアンマンの結果は残念ながら2位。勝算はありました。当時、バイクでは時速32キロぐらいは出せていたので、余裕すらありました。ところが優勝したペルーの選手は体格が私と変わらないのに、とにかくランが速くて、最終的にはぶっちぎりの成績で優勝をさらっていきました。世界との壁をまざまざと見せつけられました。私はまだ実力不足でしたが、クラブに入って練習環境を変えたおかげで、選手として大きく飛躍したこと。これまでの努力がムダでなかったと、大きな自信につながりました。この翌年、韓国済州島でのアイアンマンの予選を経て、世界選手権に出場できたのは、これまでお話しした通りです。

仕事との両立

私は妻の介護のために、60歳でＮＨＫを定年退職しました。その後は無職でしたが、73歳の時に再びＮＨＫから声がかかります。ＮＨＫのラジオの国際放送「ラジオジャパン」での仕事でした。元々、私が英語が堪能だったことがきっかけのようです。当初は、お昼と夜7時のニュースを担当していて、週に5日は出勤していた時もありました。ニュースのセレクトから原稿書き、収録まで担当していましたから帰宅が終電続き。私はバングラデシュとパキスタンとインドの3カ国を担当していましたから時差の都合で帰る時間がどうしても遅くなってしまいます。すでにトライアスロンも始めていましたから、両立には苦労しました。

結局、トライアスロンが面白くなっていたので、勤務日も減らしてもらうことで調整して最終的には毎週月曜日の週1日勤務で終電で帰宅。翌日はレストに充てましたが、体を動かしながらの「積極的な休養」を心がけていました。

最終的にラジオの仕事は85歳まで続けました。ラジオ勤務のプロデューサーは皆、私より年下の方ばかり。しかも3、4年もすれば人事異動で次の職場に行ってしまいます。私は古株で、デスクに陣取りひたすら仕事に没頭していましたから、特に問題視されなかった。

ところがある時、「敬老の日特集」で私の紹介記事が新聞に掲載されます。すると、私の実年齢を知った社内の人から異議が出たそうです。結局、その年以降契約の更新をしないということで、私の「再就職」はそこで終わり。一度、定年で辞めた私をどのような形であれ、働かせてくれたことは大きな張り合いになりました。

スクープもありました。私が出勤して夜のニュース直前に、パキスタンの要人が暗殺されるニュースをキャッチしました。このニュースを第一報で報じたのがＮＨＫでした。当日担当のスタッフの一人が、パキスタンのニュース番組をチェックしていたところ、国内のテレビ局で速報が流れていたのを発見します。すでに要人暗殺の記者会見の模様が放送されていました。そこで私が確認すると、発表しているパキスタンの政府関係者に向けられた多数のマイクの中に「ＮＨＫ」の文字を確認しました。つまり、ＮＨＫの現地の特派員が記者会見に出席している可能性が高いことがわかったのです。すでにニュースの放送時間が迫っていましたから、世紀の大スクープです。急遽、15分間のニュースの中で大々的に紹介することにしました。するとイギリスのＢＢＣやアメリカのＣＮＮも「日本のＮＨＫによれば」と引用元を挙げて紹介。世紀のスクープ誕生の瞬間に立ち会えたことは自分のキャリアの中でも貴重な体験でした。

第3章

92歳「今を生きる」

完走すれば世界記録

現在、92歳の私ですがエイジ別では「90歳以上」に区分されます。ところが、80歳以上のロングディスタンスの選手が私以外誰一人いないので、完走すれば、最高齢の世界記録を更新することになります。今なら90歳以上のカテゴリーを切り開いたパイオニアとして、歴史に名を刻むことになるでしょう。

世界を見渡しても90歳どころか85歳を超えて、ロングディスタンスで完走している人は世界中どこにもいません。２０２３年には私を含め２人だけいましたが、２０２４年になってからは私一人だけになりました。

これまで「80歳以上」「85歳以上」のカテゴリーで、私が作った世界最高齢記録のコースレコードが更新されることは、しばらくなさそうです。

２０１９年の世界選手権以降、ロングディスタンスのレースへの出場は、なかなかかないませんでした。何しろ、２０２０年には、新型コロナウイルスが世界的に大流行し、ハワイのアイアンマン世界選手権をはじめ、世界中でトライアスロンの大会が中止されることとなりました。

新型コロナウイルスにより、練習環境は激変しました。所属している千葉県稲毛市のチームでのグループ練習は感染の危険性があるので、できませんでした。あくまで自主練習中心の生活を余儀なくされました。これではなかなか自分を追い込むことはできません。モチベーションを維持するのが難しく、辛い日々が3年ほど続きました。

85歳を過ぎたあたりから体力的な衰えも感じるようになりました。例えば、足が頻繁につったり、競技として最後までベストなコンディションをキープしながら完走するのは難しくなっています。バイクの時には内臓全体が苦しくなるし、ランの時は足の感覚がなくなることもあります。ただレース全体を通じて、心技体をうまくマネージメントできれば、まだまだ結構いいペースでいけるという自信があります。日々の練習や実践を通じて、失敗を繰り返すことで、それが教訓になっていきます。練習の時から常に筋肉の動きやコンディションの変化を意識することで、自分の弱点に気づきます。今度はその弱点をどう克服するか。間違いをどう軌道修正するかといったことに意識を向けて、毎日の練習で繰り返します。いわば自分との戦いです。

「90歳の壁」

若い人は周りを見渡せば、ライバルだらけです。憧れの選手、タイムの速い選手、フォームの美しい選手……常に目標とするお手本みたいなものがあります。あいつだけには絶対負けないだとか、今回のタイムはこれだけ速くしたいとか明確です。

でも私には同世代のライバルがそもそもいません。それでも92歳になった今でもどうやったらあのハワイのような厳しい自然で制限時間内にゴールできるかということだけを考えています。もちろん80歳の時のように絶好調な状態でやってみたいというのはありますが、それは絶対に無理でしょう。全盛時とは違います。心肺機能だけでなく、筋肉もガタ落ちです。

年齢と共に、ケガと向き合う時間も多くなってきました。こればかりは致し方ありません。2025年2月になって腰を痛めてしまいました。左足の腰から腿にかけてしびれます。その後、病院にいってMRI検査をしたところ、一度は脊柱管狭窄症だと診断されましたが、最終的に外出時に転倒したことによる痛みだったようで、正直ホッとしています。

自分でも気づかなかったのですが、最近になって体のコンディションを調べてもらった際に、トライアスロンでは重要な働きをする骨盤が前後左右にかなり歪んでいたことがわかりました。どうやら小さい頃のケガの影響があるようで、長年左足をかばっていたので左足の筋力が右足に比べて弱いそうなんです。普段の生活にはまったく影響がありません。それでも些細なコンディションの差が、大きくレースを左右しますから自分の弱点を知れたことは大変有意義でした。

ケガからの異常な回復力

トライアスロンでは、すり傷や転倒は日常茶飯事。時には、ほんの一瞬の不注意で大ケガにつながることもあります。２０１８年のことです。ハワイのコナでの世界選手権で、エイジ別で2度目の世界最高齢記録を成し遂げることができたのも束の間、宮崎県で開催されたオリンピックディスタンスのレースに出場したんです。

結果は見事優勝。そこまではよかったのですが、肋骨を骨折してしまったんです。バイク中のアクシデントでした。途中でコースを間違えて、急に方向転換をしたところ、スピードが出ていたこともあって、そのまま壁に激突してしまいました。バイク中に痛みはなかったんですが、ランになってからはズキズキと痛みました。それでも何とか完走。すぐに地元の病院で診てもらったら、

「肋骨が肺に刺さったら死に至ることもあるから入院した方がいい」と諭されました。でもそれほど痛みもないし呼吸も苦しくありません。自己診断で応急処置だけしてもらってそのまま帰宅しました。地元の病院で再度、診察してもらったら「折れています」ときっぱり。それでも痛みはあまり出なかったのでタカをくくっていたら、2日間ものすごい激痛で夜も寝れないほどでした。

ところが、翌朝になると痛みが消えています。そこで病院でレントゲンを撮ると、医師がびっくりしています。

「あれ？　もう、くっついていますよ。こんなケース初めてですよ」

あまりの回復の早さに驚いていました。この時は、自分でもびっくりしました。

過去には、バイクでの転倒などで、鎖骨を3回骨折しています。中には、人とぶつかりそうになったのでとっさに避けたところ、バイクから体が飛んでしまい地面に肩から落下。救急車で運ばれたこともありました。その時は、ケガが治るまでに3カ月程度はかかりましたから、超人的な回復力は持ち合わせていません。

驚異の回復で復帰戦も優勝

年齢的には80代後半でしたが、心身共にとても充実していた時期だったのかもしれません。翌2019年にスイスのローザンヌで開催されるオリンピックディスタンスの世界選手権が迫っていましたから、奇跡的なことが起こったのかもしれません。この時ばかりは、己の回復力に感謝したほどです。結局、ローザンヌの世界選手権でも完走を果たし、日本人としては初優勝。あまりにも運がよかったことが続いたので、墓前の妻にも報告し感謝しました。

痛恨の大ケガ

過去にはケガで家族に心配をかけたこともあります。

２０２１年の２月には、館山へのロングコースの帰りに車両と衝突して、バイクから投げ出されたこともありました。その時は腰を激しく打ちつけ、骨盤を骨折。治るまでに２カ月間を要しました。

実は退院から３カ月後に、筑波サーキットでの「８時間耐久レースinスプリング」が控えていました。チームでのリレー形式でのバイクレースです。私はすでに出場メンバーの１人としてエントリーしていたので、休むわけにはいきませんでした。医師からは「出場は厳しい」と言われましたが、「それでも出場したい」と直訴したところ、「途中でダメになっても責任は持てませんよ」と渋々ながらＯＫしてくれました。とにかく、自分の責任は果たさないといけません。走行距離を短くしてもらって、何とか８時間の長丁場を乗り切ることができました。

2023年10月には大きなケガに見舞われます。この年はようやく新型コロナウイルスの猛威が沈静化しつつあったので、世界的に中止が相次いだトライアスロンの大会が再開されていました。私は、12月にオーストラリアのバッセルトンで開催された「アイアンマンオーストラリア」に向けて練習を続けていました。事故当日は雨が降っていて、視界が非常に悪い日でした。

バイクの練習中に、大型トラックをよけようとしたところスリップして、そのままコンクリートの壁に激突してしまったんです。バイクの練習中に落車することは、少なからずあります。その時は壁に激突した瞬間に落車するほどの衝撃。いつもなら腰から地面にぶつかるはずが、頭からそのまま地面にぶつかったそうです。私は事故の瞬間は覚えていませんが、目撃した人の話ではたまたま頭を地面に打ちつけた場所が、道路脇の草むらだったのでクッションになって、一大事にはならなかったようです。幸い事故現場付近を歩いていた人が、すぐに私に向かって「救急車呼びますか？」と尋ねたところ、意識朦朧のまま「お願いします」と応答したそうです。119番通報したところ、たまたま消防署が事故現場のすぐ近くの場所にあって、まもなく救急車が駆けつけてきたそうです。しかも医療体制の整った総合病院も現場から遠くない場所にありました。そんな不幸中の幸いが重なり、緊急搬送された私は何とか一命を取りとめました。

事故が発生したのが朝の9時半頃で医師が出勤するタイミングだったのも幸いしました。ちょうど、処置室でCTを撮っている最中に、意識不明の私が「死ぬ〜」と叫んだそうなんです。すると喉から不快な感触があって、口と鼻の穴から大量の血液が噴出して、窒息しそうになっていたそうです。たまたま処置室に出勤した耳鼻科の先生が駆けつけてくれて、鼻と口から血を吸い出してくれたので助かりました。あと10秒遅かったらそのままアウトでした。

結局、事故の際に首の骨の第三脛骨というのを損傷したことが原因で、大量の出血になったそうです。一歩間違えば、神経もやられて半身不随になっていた可能性もあったと聞きました。診察に当たった外科の医師からは、

「あなたのケガは大量の出血はしたけれど、神経がやられなかったのはラッキーでしたね」

としみじみ言われたものです。交通事故による首のケガは後遺症が残る可能性があるのでつくづくラッキーでした。それでも入院してから最初の10日間は絶対安静でした。ヒビの入った首の骨がくっつくまでは動かしてはいけません。体を固定されベッドに縛りつけられ、点滴された状態での寝たきり生活は地獄でした。天井を見つめたまま過ごしていると、変な幻覚が見えることもありました。

奇跡の回復力

入院から10日が経過してようやく、首以外の拘束具からは解放されました。ところが10日間歩いていないだけで、全身の筋肉は驚くほど衰えていました。リハビリを始めたところ、歩くだけでもひと苦労。リハビリ担当の療法士さんが付き添ってくれていても自分の脚ではないような重力で1、2歩進むだけで足が止まってしまう。

私は普段から体の筋肉やパーツがきちんと動いているか確認しながら練習をしている習慣があったので、「これは可動域が狭くなっているな」と直感しました。そこから徐々に意識的な歩行を続けているうちに、リハビリ当初に感じていた重力があまりなくなっていきました。

リハビリ2日目になると、かなりコンディションがよくなってきたので、ケガする前のように歩いてみました。するとリハビリの先生が駆け寄ってきて「稲田さん！走っちゃダメだよ！」と注意される始末でした。それから数日かけて早歩きができるようになってからの回復は思いのほか早かったです。トータルで3週間ほど入院しましたが、毎日歩いたりバイクマシーンにも臆せず乗ることができていました。だんだん速く歩けるようになると、外科の先生から「もう、走っているスピードだよ！走っちゃダメ！」と叱られました。私の中では走っているつもりはないのですが、周囲からは走っているようにみえたのでしょう。

その後、退院して固定具が外れても、筋肉が硬直していますからズキズキとした首の痛みはなかなか取れませんでした。担当の医師からは、「安静にしてください。しばらくは（首を動かす）散髪に行くのもやめてください」と釘を刺されました。それでも医師には内緒で年明けからはバイクの練習も始めました。２０２４年1〜3月には、13時間ぶっ通しのバイク練習にも挑戦。途中で足をつりながらも、何とか最後まで乗ることができました。それが何よりも復活の手ごたえにつながりました。医師からは「バイクは前傾姿勢になるから」と禁止されていましたので、ずっと黙っていました、24年4月になってようやく解禁となりましたが、私はすでに本格的な練習を再開していました。スイムも最初、息継ぎＮＧを告げられましたが、そもそも首が痛くて泳ぐことができませんでした（笑）。さすがに、この時は医師の指導に従いました。

今は首の痛みもほとんどありません。経過観察で定期的に通院していますが、首の骨はほぼくっついています。

一人息子からはトライアスロンを始めた頃は「いいかげんにしたらどうか」と心配されたこともありました。年齢と共にケガの恐れも増えています。確かに年齢だけ考えたらそうでしょう。私がトライアスロンを始めたのは70歳で、92歳の現在も続けています。でもさすがに今となっては、誰も止めません。きっと諦めているのでしょう。もしやめろと言われても私は聞く耳を持ちません。競技生活の最後は自分で決めようと思っています。

復帰戦でのハプニング

ケガでアイアンマンレースの出場を断念した私は、一日も早く再挑戦したいと考えていました。その「復帰戦」となったのが２０２４年６月にオーストラリアのケアンズで開催された「アイアンマンオーストラリア」のレースでした。アイアンマンディスタンスは、２０１９年のコナでの世界選手権以来、５年ぶりのレースです。

久々のアイアンマンレースのみならず世界選手権の予選大会でもあるだけに、気合を入れて臨みました。スイムの距離は３・８キロ。スイムの制限時間が２時間20分なので、大体2時間ぐらいのペースで考えていました。

私の場合、一番の難関がバイクです。バイクで足切りにあわないためには、制限時間よりも20分程度の余裕が必要だと戦略を立てたわけです。いざ、スイムをクリアした時点のタイムは1時間50分。悪くありません。想定よりも速いタイムでクリアしました。2時間をちょっと超えるかなと思っていたのが1時間50分ぐらいで通過できたことで少しだけ「貯金」ができました。

さあ、いよいよバイクです。90歳を超えてタイムがかなり遅くなっていました。87歳で出場した2019年の世界選手権の時、バイクの平均スピードは時速28キロでした。ところが、このレース直前には、平均21〜22キロとかなり落ちていました。190キロの距離に換算すれば、2時間15分ほどのタイム差になります。私も全力でバイクに挑みました。

しかし結果的には、バイクでは周回コースの2周目の途中で制限時間オーバーの足切りになりました。距離にして125キロという残念な結果でした。

ケアンズは好調で臨んだ

ケアンズは以前にもレースで出場したことがあります。お気に入りのコースの一つです。海岸沿いのオーシャンビューの景色は最高なのですが、平地がなくてかなりアップダウンの激しいコース。バイクのコースは道幅が狭くてガードレールもありません。

今回のレースでもコースアウトして崖の下に落ちた選手もいたぐらいです。崖下に落ちた乗用車も2台見かけました。時計回りのコースを曲がる際に、下り坂の急カーブで曲がり切れずにそのまま落っこちてしまうのです。幸い崖の下に落ちてしまった選手は命

バイクで足切りも笑顔でこたえた

に別状がなかったようでしたが、救急車一台が何とか通れるような場所もあり、かなり危険です。私も恐怖が先に立って下り坂でスピードを出せなかったのも足切りの一因でした。

暑さも天敵です。レース当日は快晴。気温も32度ぐらいまで上がったことで、暑さにやられた選手もかなりいたようです。

結局、足切りになってしまった私はトランジション（競技の切り換わりポイント）に向かいました。

そこで私はハタと思いつきました。

「せっかくランウエアを着ているのだからそのまま走ってみよう」と。足を進めてみると、コンディションは悪くありません。そのまま15キロほどは走りましたが、バイクでの足切りがなければ十分完走は狙えたと思いました。

ケガの影響もあり調整不足だったかもしれません。それに加えて、やはり2019年末に確認され、翌2020年から世界的に猛威を振るった新型コロナウイルスの影響も大きかった。それまで、グループで行っていたバイクの練習も一人で自主練習をするしかありませんでした。コロナの流行が落ち着いて以降は、自主練習の延長線上で有志が集まって走ることが多くなったおかげで、ランには自信がありましたが、肝心のバイクで結果を残せませんでした。

私にとってコロナの時期は、思うような練習ができなかったという意味で非常にストレスのたまる時期でした。ましてやハワイの世界選手権をはじめ世界中でアイアンマンやトライアスロンの大会が中止されました。やはり選手というのは目標があってこそ。そこに向かって努力をするので、大会が次々と中止されることは、やはり目標

コロナ時は練習でもひと苦労

を見失っていたかもしれません。コーチを務めてもらっている山本淳一コーチからも随分と指摘されました。

90歳を過ぎたあたりから、アイアンマンのようなロングディスタンスは体力的にしんどくなってきています。バイクは元より、ランで速く走ること自体が体力的に厳しくなってきました。スピードをもう一度上げるのは少し無理があるなとは思っていますが、長くしぶとくなら、まだできるはずです。

92歳となった今は自分との戦いです。要するに完走すれば優勝という世界ですから制限時間との戦いです。山本コーチからも「ミドルディスタンスの世界選手権の完走を目指したらどうか」とのアドバイスを受けています。私も今の体力を考えると、アイアンマンの完走は難しい。ならばハーフの「アイアンマン70・3」の世界選手権出場を目指して完走するのが目標です。

さらには今後のコンディション次第ですが、もう一度コナの世界選手権にも挑戦したい。常に夢を持ちながら今も練習に励んでいます。

自然を体感できるアイアンマンレース

これまで海外を含め世界中のトライアスロンのレースに出場してきましたが、聖地であるハワイのコナを除いて「お気に入りの場所を一つ挙げよ」と言われれば、真っ先に浮かぶのが、ニュージーランドのタウポです。これまでアイアンマン世界選手権の予選で2度訪れていますが、思い出深い場所の一つです。

スタート地点からのスイムの場所は海ではなく、タウポ湖という湖。波はないし水質もきれいです。大会自体は毎年2月に開催されるのですが、ただ難点が一つだけあって水温が低いんです。1回目の出場時の水温は18度で、2回目は15度と、スイムスーツを着ていても凍えそうな温度です。早朝のスタート時の気温は10度ぐらいの冷たさですから、上半身を水につけるまでがひと苦労です。こんな過酷な環境のどこがいいのかと言われると、淡水で水質もきれいですから、とにかく泳ぎやすいんです。

バイクの時も岸辺の景色が美しくて爽快です。ただし、昼頃にさしかかると急激に気温が上がります。早朝の気温が10度なのに、日中の最高気温は標高が高い場所だと30度を超すこともあります。苦労するのがバイクからランへの着替えです。バイクのウエアにしても秋に着るようなスーツに、腿まで覆うような長めのソックスを履いてスタートしますが、徐々に気温が上がってくるので、ソックスを脱いでエイドステーションに預けて体温の調整をします。

バイクコースでは長い一本道を走行します。しかも道の両サイドが牧場で動物が放し飼いされています。コース前半は右側に牛、左側に羊がポツンポツンと広範囲でのんびり過ごしています。レース中は、道路を横切る牛や羊の群れに遭遇することもあります。そうなると選手たちは足止めを食らってしばし立ち往生。私はバイクで遅れがちなので、これをチャンスとばかりに大幅にタイムを稼ぐことができて先行する選手に追いつくことができます。どこか、牧歌的な雰囲気がレース全体から感じられます。

ランになる頃には、もう気温は下がり始めています。そうすると急激に冷えてくるので今度は、寒さ対策が必要になります。しかし、主催者側も寒暖の差を心得ていて、エイドステーションにビニール合羽が置いてあるんです。合羽さえあれば、寒さをしのぐには十分です。深夜にゴールする時には気温は3度。気温の寒暖差だけで言えば、相当過酷です。しかしそれをはるかに上回るだけの美しい自然の景色が目に焼き付いています。

タウポは世界で一番人口密度の低い街とも言われているそうで、市街地には高い建物がまったくありません。一番高い建物が市役所で3階建て。ハワイのような突風もないし、人々も温かい。レース以外でも道を散策中にオーロラに出くわしたこともあります。とにかく風光明媚な場所でお気に入りのレースでもあります。

ただ、私はここで唯一、観衆からブーイングを浴びたことがあります。83歳の時に出場した2回目のレースでのことです。同じ「80—84歳」のカテゴリーで、80歳になったばかりの地元の人気選手が出場したんです。この選手はニュージーランドでは「英雄」と称されるほどの有名人。いざ、レースが始まると、私のコンディションは最高でいつにもましてランが絶好調でした。体の切れがよくて、最後の3キロでスパートをかけてそのままゴール。1回目の時よりもタイムも40分ほど上がっていました。一方、地元の英雄選手は制限時間ギリギリのゴール。完走はできましたが、優勝の私とはタイムに差がありました。

表彰式で地元の英雄からタイムを聞かれたので答えたら2時間も違うことを知りブ然。それ以降、相手選手はプイッと横を向いてしまい、終始不機嫌そうでした。私が表彰される時には観衆から一斉にブーイングです。それもそのはずで、日本から私が出場して優勝したために地元の英雄が世界選手権出場の切符を手に入れることができなかったことへの不満が噴出したようです。こんなことは後にも先にもありませんでした（笑）。

第4章

私の日常生活

24時間トライアスロン中心の生活

私の日常生活はトライアスロン一色です。１００％トライアスロンに捧げていると言っても過言ではありません。

この年になって、「どうやって健康を維持していますか？」と聞かれますが、私から言わせてもらえば、まず健康以前に「どれだけ競技を続けられるか」ということを常に意識しています。そのためには「睡眠・運動・食事」を1日24時間の中で、いかに効率的に過ごすことができるかということばかり考えています。いわば「24時間トライアスロン漬け」の生活です。

睡眠は８時間睡眠を心がけています。寝る時間は翌日のスケジュールやトレーニングメニューに合わせることがほとんど。ケガをする前は週に２日は早朝からバイクで１００キロのロングライドをしていた関係で、朝４時半には起床しないといけませんでした。その場合、夜の８時半には就寝するよう心がけていました。しかも年が年なものでで夜中にはトイレで目が覚めます。その後はすぐに眠れるのが救いです。

正直、寝つきはそれほどよくはありません。夢も必ず2本立てで内容はおぼろげで覚えていないことがほとんど。きっと眠りが浅いのでしょう。眠れない日もあります。そんな時は趣味のギターを弾いてリラックスします。ギター歴は60年以上。学生時代に合唱団と並行してピアノをやっていたんです。今でもクラシックギターを弾きますが、譜面がないとダメですね。昔はアメリカの歌、今は昔のラジオ歌謡を弾き語りすることでリラックスをしています。

レースの前日は特に眠れません。長距離のアイアンマンのようなレースでは朝の3時に起床ということもよくありますが、こういう時に限って、早起きしないといけないというプレッシャーで、何度も目が覚めたり、眠れなくて時計を見ていることも。最悪な時には一睡もせずにレースに臨んだこともありました。結構、小心者なのかもしれません。

トレーニングについて

トレーニングは日によって違いますが、基本的に休みはありません。1週間の曜日によって決めています。体を動かしていないと、気持ち悪いんですね。年を取ってくると筋肉も骨も急速に衰えていくのが自分でもわかります。それをできるだけ食い止めたいという気持ちも手伝って、トレーニングに励んでいます。加齢と共に体力の衰え方が速くなっています。当然、リカバリーする期間も長くなります。筋肉も骨も常に動かしていないとどんどん衰えてしまうという恐怖心もあります。そして一度衰えた筋力は元に戻らないでしょう。それが偽らざる本音です。

運動を始める前後には全身のストレッチが欠かせません。トライアスロンは全身運動ですから、もしストレッチを怠ったらたちまち翌日に筋肉痛が残って、全身が痛くなりますから念入りを心がけています。それ以外にも自重のトレーニングとして、腕立て伏せや腹筋もやります。ちなみに腕立て伏せは10～20回を2セットやります。腹筋も上体起こしを10回ぐらいやって、できればもう1セットこなします。年齢的に連続で2セットはこなせません。それでも日常の習慣にしてしまえば意外とできてしまうものです。スクワットもトレーニングの後に20回ほどやるようにしています。

月水金は朝6時から1時間半トレーニングをしています。その時は朝4時半に起きて朝6時からスイムが始まるからほとんど食べずに出かけます。プールでは大体1時間半で4000メートルぐらい泳ぎます。それが終わると朝食の時間。コンビニなどでおにぎりを買って食べた後は、そこからバイクの練習が始まります。午前8時半スタートで、グループごとに一斉に70キロ～150キロぐらいまでのルートを往復します。

火曜日はコーチの指導のもと「ロングライド」という自転車のトレーニングをしています。朝7時に集合なので5時頃に起きてすぐご飯を食べて出発。通常のパターンでは70～120キロを往復して戻ってきます。木曜日や土日は自主練習で成田方面にバイクのトレーニングをします。コースは印旛の方においしいウナギ屋さんがいっぱいあるのでそこを目指します。ウナギを食べがてら、終着地は妻のお墓参りをして帰っています。これまで週に3回ぐらいは乗っていましたが、最近はケガのこともあり距離を短めにして継続しています。

冬合宿では行きが千葉から館山まで海岸沿いを170キロ、帰りが160キロの山道を2日かけて往復します。春一番が吹く季節なので「恐怖の合宿」と呼んでいます。長い距離だと房総半島の南の方まで行って戻ってくるのでヘトヘトになります。

自主練習の時の楽しみは一杯のコーヒーです。私はコーヒーが大好きで日頃から食後には欠かせない嗜好品。さらに練習の合い間も含めると1日3～4杯は飲むでしょうか。バイクの練習中に一服したい時には、コンビニに立ち寄り1杯100円のコーヒーを飲むこともあります。コーヒーにはカフェインが含まれていますから、本来、利尿作用があってあまり飲んではいけないのですが好きだからしょうがありません(笑)。練習に差し障りのない量で嗜む程度です。

バイクでは70 ～ 120キロを走行

バイクで距離を走らない時に、シューズを履き替えて少し走ることはあります。ランだけの日は自宅近所の川沿いの土手を走ります。12キロほどの距離です。

有志で集まってランニングをすることもあります。暑い時期は、日中は外を走れないので、スポーツジムのランニングマシーンを使用しています。いずれにしても、長い距離を走ることはそれほど重視していません。長くても次のレースで走る距離の半分以下にしています。私の場合、ランは余裕をもって走ることに意味があるので、レース直前でもせいぜい30キロぐらい。20キロぐらいまでが私にとってベストな距離です。本番でも結果が残せているので、今のところ練習量を変えることは考えていません。

水泳は、平日休日問わず、近くのジムで泳ぎます。昼間はトレーニングで外出していますから、極端な日には5分だけ泳いで、あとはお風呂に入るだけの時もあります。

雨の日は、ジムでのトレーニングや、傘をさして遠くまで買い物に行くだけでも、十分トレーニングになると考えるようになりました。私は日常生活でも筋肉の動かし方やバランス感覚など、行動一つとっても、いかに効率的に動かせるかを意識しています。ケガになった時もどうやったら痛みを感じなくて動作ができるのか。家事をこなせるかまで考えています。普通ならエレベーターを使うところでも階段を一段飛ばしで登るだけで体は鍛えられます。考え方一つ変えるだけで、あらゆる場所でトレーニングは可能です。

美しいフォームとは

美しいフォームを目指しているので、姿勢は基本中の基本です。ランの時に人体は前傾姿勢になります。その際に、背筋がピンと伸びていないと効率的な呼吸が難しくなります。よくスタミナ切れで、前かがみの姿勢で走っているランナーを見かけますが、かえって呼吸もしにくいし息苦しくなります。その点でも普段から姿勢を正して歩いていれば、不思議なことに疲れていても背筋を伸ばしたまま走ることができるようになります。

背筋と一口に言っても胸骨から骨盤にかけてのラインをピンと伸ばさないと、ランニングの時は走りにくくなります。とりわけランは上半身の姿勢が大事ですから普段からの歩き姿も意識せざるを得ない。私の場合はもう長年やっているので習慣づけられていますが、調子が悪い時ほど、歩く時に骨盤が前傾になっていて非常に効率が悪

フォームは年々進化している

くなります。

さらに姿勢を保つためには腹筋を上手にコントロールすることも必要です。腹筋の動きを使いこなすのは3種目あるトライアスロンのすべてに当てはまる基本。腹筋をぎゅんと締めつけて、呼吸の時もドローインを意識します。息を吐く時に長く吐いて、吸う時に一瞬でぱっと吸う。この時にへその下あたりをぐっと締めつけるようなイメージでやり続けることを日常的にやっています。もちろん練習中も意識しています。

さらに言えば、トライアスロンでは

体の重心を、恥骨というかへその下に置くことが理想とされています。日本でも古くから「丹田」と言われている箇所です。
ですからトライアスロンの選手は皆、姿勢がいいんです。無意識で背筋をピンと伸ばしています。

私はフォームを誉められることが何よりもうれしいです。「今日は調子がいいんじゃない」と言われるのも悪くありませんが、「稲田さん、今かっこよかったよ」と言われると雲にも上る思いがします。昨年の宮崎での日本選手権の時に、同じチームに所属するオリンピックにも出場している上田藍選手がゲストで来ていました。レースの後に人づてに「稲田さんはいいフォームじゃないと思っていたのに、すごくフォームがよくなっていた」と聞いた時には「やった」と思いましたよ。ちょうど、自分のフォームを気にしてレースに臨んでいたので、この時ばかりは有頂天になりました。

ハードな合宿生活

合宿は月に1回程度です。腰を痛めてからはお休みしていますが、昨年5月には北海道の旭川にも行きました。アイアンマンレースが開催されるオーストラリアのケアンズに気候が似ているという触れ込みでしたが、さすがに寒かったです。

スタート地点ではチーム全員がそろっていますが、選手によってバイクのペースが違うので、一人ぼっちの時間が実に長い。美瑛を拠点にしてあちこち走ったんですが、雨の日だと雨宿りできるような建物はありません。80キロぐらいの距離の間に牧場が延々と広がっています。さすがに遠くにコンビニが見えた時には助かったと安どしました。コンビニでは雨合羽やホッカイロを調達して、何とかしのぎましたが、私はスピードが遅いので寒さと孤独な時間がつらかったですね。

２０２４年7月半ばには河口湖で合宿をしていました。8月半ばからは長野の志賀高原で長期合宿がありました。いずれも期間は2週間ですが、メンバーはプロの選手もいればサラリーマンの方も参加しています。個人によって期間はバラバラで、土日のみ参加の人もいます。中でも私にとって高地トレーニングは非常にハードです。酸素が薄いとかなりこたえます。それでも不思議なもので、高地トレーニングを乗り越えて、その後に標高の低い場所に戻ると非常に呼吸が楽になります。

合宿は雨が降ろうが風が吹こうが関係なく決行されます。天候に左右されないようにするトレーニングも兼ねているからです。当然、雪の日でもやります。

4月から12月までの期間は毎月、千葉県の館山を拠点とした2日間の「バグ合宿」にも参加しています。バイクで千葉から館山まで海岸線をひたすら宿まで170キロ走行。翌日は宿から出発して山道を通って160キロぐらいの距離を走破するロングライドの合宿です。

整骨院の先生に助けられたことも

体のメンテナンスとして週に1回は、かかりつけの整骨院に通っています。実は整骨院の先生こそ、私が2016年と2018年のハワイの世界選手権に、世界最高齢記録で完走した時に助けてもらった陰の功労者です。それ以外に何度も絶体絶命の体の不調を施術してもらっています。先生は選手としてもトライアスロンやウルトラマラソンにも挑戦するスポーツマン。私が施術を受ける時は、その前に1時間ほど2人で体幹トレーニングをします。これがめちゃくちゃハードなのですが、先生は「10代の若者でもキツいのによくできますね」と、いつも誉めてくれる貴重なメンターです。

2016年の世界選手権では、私の泊まっているホテルの部屋の上階に、山本コーチのケアのために先生が来ていました。レース前日、私が気管支炎で咳が止まらなくなり、ぎっくり腰を発症。「もうダメだろうな」と諦めかけていたところ、すぐに施術してもらうことができたんです。朝7時のスタートに間に合うようにと夜を徹しての懸命の施術のかいあって、スタート時には痛みもハリもなくて、そのまま226キロを完走。まさに救世主でした。

2018年の世界選手権の時も助けられました。レース2日前に、密着していたアメリカのテレビ局NBCのインタビューを受けたのが不運の始まりです。撮影機材の関係なのか、とにかくインタビュールームが冷え冷えとした寒い部屋で、インタビューが終わる頃には体がカチコチになってしまいました。特に足がこわばってしまい、歩くことさえできなくなったんです。最初はすぐに治るかと思っていたんですが半日経過しても一向によくならない。そこで先生に施術してもらったところ、すぐに体調が回復して大丈夫になった。結局、この時も完走して最高齢記録を更新したのはこれまでお話しした通りです。

以来、私は彼に絶大な信頼を寄せています。定期的に第三者に体のコンディションを見てもらっている安心感は計り知れません。今後の競技生活においても整骨院の先生の存在なしには考えられないでしょう。

20年以上変わらない食生活

現代では、運動も食事も様々な情報が無尽蔵に手に入ります。私はできるだけ自分でどうやったらいいか試行錯誤しながら、選んできました。妻が亡くなって以降、家事も掃除や料理を含め一人で全部やっています。

食事については妻が亡くなってから20年以上、ほとんど変わっていません。1日3食で、昼間はトレーニングで外出していますから、コンビニのお弁当や外食がほとんど。外出先でも特に栄養のバランスには気を遣っています。

朝起きたらまず、朝食と夕食の調理をします。とにかく体にいいとされる食材を2つの大きな鍋に入れてスープにして1日かけて食べ切ります。

食費もばかにならないですから、多少遠いお店でも買い物に出かけます。わざわざ

20年間変わらない朝食

買い物用のリュックサックにウエイトを入れる場合もあります。これもトレーニングの一環です。

2つの鍋は、野菜中心の鍋とたんぱく質が摂れる鍋を別々に調理します。食事は朝食を食べ終わるまでの時間を含めると2時間ほどかかってしまいます。というのも、とにかく食材の種類が多いのが、その理由です。野菜は、10種類前後。それを細かく刻むので、とにかく時間がかかります。中でも旬の野菜にはこだわりがあります。安く買えることはもちろん大事ですが、抗酸化作用のある体にいいものを積極的に摂取するようにしています。

野菜スープは、とにかく煮すぎないように気を遣っています。野菜に熱を加えることでビタミンがスープに溶け出しますが、あまり火にかけすぎると栄養素が壊れてしまいます。私は味より栄養重視ですから、そこだけは注意しています。最近ではサバ缶が体にいいというので、野菜スープに入れる頻度が増えています。サバ缶の中のスープは、出汁にもなりますし、サバは栄養価が高いので重宝しています。

一方、たんぱく質の鍋は、日によって豚肉や鶏肉といった肉類、アサリやシジミなどの貝類、青魚などをメインにしてにんにく、きのこやイモ類などに加え、野菜スープ用に刻んで、残った野菜など、食感のある素材も入れて飽きないように工夫しています。

味付けは、野菜スープがコンソメ。仕上げに黒酢とトマトケチャップを目分量で入れたら出来上がりです。

たんぱく質スープは鶏ガラがメインで、仕上げに味噌を少しだけ入れます。盛り付けは器にすり潰したゴマを敷いて、スープをなみなみと入れます。さらにシナモンなど体にいい香辛料をかけていただきます。果たしてレシピと言えるかどうかはわかりませんが、慣れてくると意外とおいしいものです。

先日も元テニスプレーヤーの松岡修造さんがインタビューで自宅に来た時、野菜スープを出しましたがぺろりと平らげて「おいしい」と（笑）。とにかく、味より栄養重視。このスープがあるからハードなトレーニングにも耐えられるのです。おろそかにはできません。

朝食ではライ麦の食パンにもこだわっています。きっかけは同じプールに通う管理栄養士さんからのオススメです。ライ麦はビタミンとミネラルが豊富です。さらに、ライ麦パンには、ブルーベリージャムやはちみつをたっぷりかけます。はちみつはアスリートが栄養補給に常用していると聞いて、純粋はちみつにこだわっています。ブルーベリーは目にいいという理由です。

果物は朝食べます。りんごとバナナは行儀が悪いですが、必ず鍋の調理中に食べています。以前に本で「食事の30分前に果物を摂取するといい」と医師が解説していて、理にかなっていると思い、日々の生活に取り入れています。

食後の楽しみは1杯のコーヒー。それとナッツを食べます。ビタミンEが豊富なアーモンドがメインのミックスナッツも元気の源です。


夕食には納豆などの発酵食品を積極的に摂るようにしています。納豆にキムチを入れて、その上にしらすを散らして一緒にかき混ぜます。そしてごはんと一緒にかき込みます。カルシウム豊富でビタミンKもたくさん含まれていますから一挙両得です。

ごはんの量はそれほど多くありません。玄米を炊いた後に常温に冷まして、卵かけごはんでいただきます。ご飯は冷ました方が栄養価が高いので、朝に炊飯ジャーで炊いたごはんは保温ボタンを切って、夕食に食べるようにしています。夜のメインは具だくさんの味噌汁です。豆腐、揚げ、ワカメ、貝類、小エビ、きのこを入れます。大体どんぶり一杯分の量です。あと、めざしを3尾ほど食べています。カルシウム豊富で骨ごと食べられるし、青魚だからDHAやEPAなどの栄養もあります。とにかく

夕食もしっかり食べる

食事を早く食べて早く寝ないといけないのでアレコレ考える余裕はありません。夜はほぼ毎日同じメニューを食べています。朝と夜にヨーグルトをスプーン4杯分ほど食べます。

もちろん、プロテインも練習後に摂取しています。そしてサプリメントも欠かせません。BCAAというたんぱく質やロイシンなどの栄養価のある錠剤を練習中や練習後に飲んでいます。筋肉の補強剤みたいなもので、摂ると摂らないとでは大違い。他にもマグネシウムなど様々な栄養素を摂取するようにしています。

栄養重視のライフスタイルは、アイアンマンを始めてから意識し出したことです。練習自体もハードになればなるほど、筋肉をどうリカバリーするかを考えないといけません。特に年をとると、筋肉や骨がもろくなります。ケガをしていなくても自分の身体がボロボロになっているのが手に取るようにわかります。回復させるには食事だけでは追いつかない。そこでサプリメントでも補強しています。

90代になってからは衰えを人一倍感じています。昔は随分と大食いでしたが、食べる量はちょっとずつ減ってきてはいます。若い頃（80代）は平気だったんですけど、自分で料理しながら「これを全部食べるのか……」とうんざりする気持ちにも時にはなります（笑）。

健康のために気にしていること

競技生活を続ける上で健康については何よりも気にかけています。幸いにして今まで、ケガこそありましたが、病気らしい病気はまったくありませんでした。老化と共に、目や耳はどうしても衰えてきますから、予防が肝心です。目は遠視でしたが視力自体は悪くありませんでした。それでも年をとってからは一度、白内障の手術はしています。今も裸眼で新聞ぐらいの文字の大きさなら十分読めます。歯は3本が入れ歯ですが、あとはまだ残っています。

一番気を遣っていたのは耳かもしれません。大学時代にグリークラブにいたことはお話ししましたが、仲間内で耳を患った人がいて、その原因を聞いたところ「イヤホンで大きな音を聴いていたのが悪かったみたい」と説明されたので、ヘッドフォンは使わないようにしています。テレビの音量も聞こえるか聞こえないかギリギリの大き

グリークラブOBが集まった「ローガンデラックス」

さにして耳をケアしています。今のところ補聴器とは無縁ですし、周囲との会話にしても聞こえづらかったということはありません。比較的、キープできている方かもしれません。

個人的にはトライアスロンが老化防止になっていると思っています。まず、周囲を見渡す視野が広がりますし、危険を察知する能力も高まります。全身運動で、体力もつきますから、万人にオススメとは言えないかもしれませんが、シニアからのトライアスロンもいいことずくめです。

私の死生観

よく「長寿の秘訣は？」と聞かれます。私もこの年ですからいつまでトライアスロンができるかわからない。そこで「どうやったら一日でも長く競技生活ができるか」ということばかり四六時中、考えて、実践しています。競技を続けるためには健康でなければいけません。70歳でトライアスロンを始めてこのことばかり考えていたら、いつの間にか92歳になっていたという方が正確かもしれません。

講演などで死生観についても質問されることがあります。体も徐々にガタがきています。周りを見渡せば80歳以上のアスリートというのはあまりいません。今のところ83歳より上のアイアンマンは私が知る限りではいないはずです。だとしたら年齢に抗っていくよりも、それは宿命ですから受け入れるほかありません。

それでも私はまだまだ競技がしたい。いつレース中に倒れるかはわかりません。でもそれを考えてもしょうがない。「理想の死に方」とか「いつまで生きていたい」という死生観はあまり考えないようにしています。そんなことを考えていたらトライアスロンという競技を続けていないでしょう。

今は腰を痛めていますが、このハンディをどうしたら一日も早く克服できるか。そんなことばかり考えています。私はどうやら諦めが悪いようです。今のところ、腰もよくなるだろうという勝算はあります。できるうちは競技を続けたいなあという気持ちがある。枯れている場合ではありません。まだまだトライアスロンをしたいという欲があります。

お金の心配

お金の心配もあります。トライアスロンは遠征にしても何もかもお金がかかります。特に海外でのレースに出場する場合、円安になると今まで以上にお金がかかります。ここ2、3年はクラウドファンディングで、一般の方から寄付を募ったこともあります。幸い多くの方からの寄付があり、大会にも出場することができました。こうして今も競技を続けられるのも応援してくれる人あってだと感謝しています。講演では「お金がかかるのにどうしているのか？」と率直に聞かれますが、正直に話すようにしています。私は年金をもらっていますが、とてもその金額だけで競技するための資金は賄えません。

妻が存命の時は自分の給料も知らなかったほどです。家の中のことはすべて妻頼み。後になって彼女が家計のやりくりをして、私の給料から積み立てをしていたことも知りました。今は一人暮らしですから家計のやりくりはすべて自分でやっています。

私は日頃からの節約を心がけています。中でも食費が一番大きなウエイトを占めているだけに、日頃の買い物から、安くて栄養価の高い食材を求めて遠くまで探し回ります。最近は食品の値段もインフレが進んで高止まりしていますから、買いたいものがすべて買えるわけではありません。サプリなどは、講演などのお金の入った時にまとめ買いするなど工夫もしています。

チラシで見た遠くの店まで足を運ぶこともいといません。それに顔なじみになるとサービスしてくれる店も増えていきます。大きなリュックを背負い込んで速足で歩けば、それだけで立派なトレーニングになります。無駄遣いはできませんけど、深刻に考えずにトレーニングの一環として楽しんでいます。階段もできるだけ素早くパッパッと上ることにしています。

仕事をリタイアした人は、定期的な収入が減るのですから、お金の問題に固執するのは、当然です。私もその一人です。それでも家計のやりくりを工夫すれば何とか暮らせます。極論を言えば、できる範囲で生活するだけでいい。競技生活もしかり。足るを知ることで、お金の問題は毎日の生活を工夫するだけでも大きく変わります。

時間もできるだけ有効に使いたいものです。私には残された時間が少ないから、余生を全うして死にたい。満足して死にたい。そこでお金ばかりに執着せず、皆さんの色々な助けのおかげで競技生活を送れている分、より長く現役生活を続けるにはどうしたらいいかと考えて日頃から行動しています。

私のモットー

私は色紙にサインを求められると「やれば出来る」と書いています。私の好きな言葉です。私が水泳を始めた時、たまたま買ったスイムキャップに「やればできる子」と書いてあったので、「我が意を得たり」と、そこから拝借しました（笑）。実際に水泳をやってみたら、世界記録まで0・3秒差に迫る記録を出すことができました。

カナヅチだった私は「泳げたらいいな」という軽い気持ちで水泳を始めました。最初は水が怖いから顔を水につけることから始めました。そのうち「25メートル泳げたらいいな」と思ったら泳げるようになった。そのうち「もっと速く泳げたらいいな」と泳ぎ続けたらマスターズに出場できるまでになった。すべて、「こうなったらいいな」と思ったことを実現するために、動き始めたら結果的にできたんです。私のよう

ギネス記録の賞状と一緒に

な凡人でもできたのなら、皆さんもできるはず。たとえできなかったとしても、少しずつ進歩します。

ピアノの演奏にしても最初は鍵盤の位置がわからなくても、そのうち右手だけじゃなくて両手で弾けるようになる。そのうち楽譜も読めるようになります。私がグリークラブで経験したことは、シニアになってからでも遅くはありません。

高齢者になると、「楽しみがない」「趣味が見つからない」「生きがいがない」といった悩みを持つ人が多いようです。でも私の場合は、60歳の時にたまたま出会った水泳にのめりこんで、70歳でトライアスロンに挑戦。体力的には80歳でピークを迎えましたが、84歳と86歳で世界最高齢記録でギネスに認定されています。こんな後半生を送るとは、定年になるまでまったく想像すらできなかったです。

始めたいことがあるなら、とりあえずやってみる。誰でも「こういう人生を送ってみたいなあ」「こんな夢みたいなこと実現したらいいなあ」とかあると思います。でも高齢者ほど「どうせやってもうまくいかないかも」「できる可能性は限りなく低い」と否定的な考えに陥りがちです。でも私は自分の殻に閉じこもってしまうことをよしとしません。多分、できないことの方が多いかもしれませんが、やってみると意外とできるものです。

得意にしても不得意にしても本人が思っているイメージと実際にやってみた結果は意外と違うことの方が多いものです。「あれ、意外とできるなあ」と思うと、すべての夢がかなわなくても「ここまでならできるんじゃないか」と意欲が湧きます。意欲が湧くともっと頑張るようになります。そうなればしめたものです。今までできなかったことができるようになるし、すべて夢がかなわなくても「ここまでできたじゃないか」と達成感を得ることができます。そこで新たな工夫をしたり努力をすることが喜びになる。だから性別年齢を問わず「やれば出来る」んです。

私もトライアスロンを通じて、生きる喜びを日々実感しています。バイクの練習の時でも周囲のメンバーから遅れて一人ぼっちで走っている時でも「俺は生きている」と大声で叫ぶこともあります。

私の場合は、バイクのペダリングでフォームを変えた時にあまり疲れないことが確認できると、「やったー」と大人げなく絶叫してしまいます。

些細なことに思うかもしれませんが、効率的なペダリングができた時ほど、すごくテンションが上がるんです。特に「まだ（これが）できる」「この年になってまだ進化している」と思う時があって、これが続いている限りはやめられません。

トライアスロンは孤独な競技だけに、仲間の存在もとても心強いものです。単純に同好の仲間がいると「日常会話が楽しい」というだけじゃありません。私が所属しているクラブの最年少は中学生ですよ（笑）。孫の年齢と遜色ないメンバーと練習をしていると、何かと誉めてもらえます（笑）。おそらく90代でこんなに誉められることは少ないんじゃないでしょうか。それが勇気をくれます。

正直言ってタイムだけを見れば、どの競技も速くはありません。それでも年寄りなのに頑張っていることで彼らにとっても励みになるようです。会話もなかなかかみ合いません（笑）。それでも色々な選手の話を聞いていると「あの人はこんなこと考えているのか」と参考になります。私はクラブでは「おじいちゃん」と呼ばれているんだけど、「どうやって元気を出しているの？」と聞かれることがあります。そんな時は「元気を出しているんじゃない。元々が元気なんだよ」と答えています（笑）。そんな他愛もないやりとりを交わしていると、一人暮らしの孤独なんて感じている暇はありません。

世界選手権でも私設応援団からの声援がゴールから遠くてもすぐにわかります。ゴール地点では、日本の旗を振っている一団を見たら完走しないといけないと身が引き締まります。私は「稲田さん頑張れ」という声援があるから頑張れる。よく、皆さんから「お元気ですね」と言われますが、私が皆さんから元気をもらっているんです。それがこの年まで活躍できる原動力となっています。

妻の墓参りでも「そのうち（天国に）行くから待っててくれ」と祈りますが、あと5、6年は生きられるんじゃないかと思っています。願わくば競技生活も100歳まで続けられたら本望です。

昨年の首の大ケガが治って退院する時も担当医師からは「稲田さんは110歳まで生きるよ」と言われました。太鼓判が押されたわけではないけど、何万人もの患者を診てきたベテラン外科医が言うのだから間違いないでしょう。トライアスロンが私の100％。92歳の今が青春です（笑）。まだまだ競技への情熱がある限り、私のアイアンマン生活は続きそうです。

稲田 弘（いなだ・ひろむ）

1932（昭和７）年、大阪府生まれ。千葉県在住。早稲田大学卒業後ＮＨＫで放送記者として活躍。全国に赴任。難病になった妻の看病のために60歳で定年退職。運動不足解消のために始めた水泳で頭角を現し、マスターズ大会にも出場。16年と18年に出場したアイアンマン世界選手権大会の最高齢優勝記録が、ギネス世界記録に認定。現在も現役最高齢選手として活躍中。

やれば出来る

92歳のアイアンマン、世界を駆ける

第１刷　2025年３月31日

著　者　稲田弘

発行者　小宮英行

発行所　株式会社徳間書店

〒141－8202　東京都品川区上大崎３－１－１

目黒セントラルスクエア

電　話　編集（03）5403-4344／販売（049）293-5521

振　替　00140-0-44392

印刷・製本　三晃印刷株式会社

Printed in Japan　ISBN978-4-19-865979-0